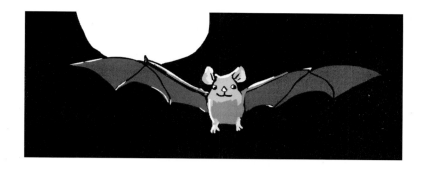

Margret Angel, Lotte Humbert

Von Sonnenuntergang bis Sonnenaufgang

Mit Kindern die Nacht erleben

Illustrationen
von
Harry Morrison

DreieckVerlag

ISBN 3-929394-33-2

KREISEL
Heft 32 (Von Sonnenuntergang bis Sonnenaufgang)
Copyright by Dreieck-Verlag, Wiltingen 2002
Druck: Faßbender, Mettlach-Weiten
KREISEL erscheint dritteljährlich im
Dreieck-Verlag, Postfach, D-54459 Wiltingen
Alle Rechte vorbehalten
Gedruckt auf umweltfreundlich chlorfrei gebleichtem Papier

INHALT

EDITORIAL	Die Mystik der Nacht	5
KIND UND THEMA	Mit der Sprache wird die Welt erschlossen	6
ELTERNARBEIT	Eltern begleiten die Arbeit	8
	Elterninfo	9
SACHBEGEGNUNG	Sonnenaufgang und Sonnenuntergang	15
	Fragen zur Nacht	18
	Kalender der besonderen Nächte	39
SPIELE	Nachtberufe-Quartett	33
	Spiele im Dunkeln	54
	Nachtschwärmerin Luzie	61
	Sucht die Tiere in der Nacht!	68
ERZÄHLEN	Menschen, die nachts arbeiten	30
	Schreck in der Nacht	46
	Im Traumland	48
	Die Königin der Nacht	55
	Nachtschwärmerin Luzie	60
GEDICHTE	Arbeit in der Nacht	32
	Luzie, die Katze	65
RÄTSEL	Wer bin ich?	73
FANTASIEREISE	Lichter in der Stadt	51
TANZEN	Tanz der Fledermäuse	28
LIED	Tiere in der Nacht	86
KLANGGESCHICHTE	Schreck in der Nacht	46
ROLLENSPIEL	Ein Gespenst hat Angst vor Mäusen	25
	Die Rache	26
	Eule Eulalia weiß Rat	74
SPRACHGESTALTUNG	Erzählkiste	24
	ABC der Nacht	28
FEUILLETON	Wortreich	27

BILDNERISCHES GESTALTEN	Viktor als Marionette	13
	Viktor als Handpuppe	13
	Sonnenaufgang und Sonnenuntergang	14
	Die Nachtuhr	23
	Erzählkiste	24
	Kalender der besonderen Nächte	39
	Einbrecher	47
	Einschlafbären	49
	Traumfänger	50
	Lichter der Stadt	53
	Batman-City	53
	Königin der Nacht	56
	In der Nacht sind alle Katzen grau	66
	Mobile der Nachttiere	67
RELIGIÖSE ERZIEHUNG	Nachtgebet	82
SINNESERZIEHUNG	Riechen, hören, fühlen wie die Tiere der Nacht	78
FINGERSPIELE	Zehn kleine Mäusekinder	66
	Zippel, zappel	66
REZEPTE	Kochen mit Nachtschattengewächsen	56
	Kochen für die Gespensternacht	59
	Honigpunsch	84
PSYCHOMOTORIK	Eine Geschichte zum „Ins Bett gehen"	29
	Arbeit in der Nacht	32
	Luzie, die Katze	65
FEIERN	Gespenster-Vorlesenacht	58
	Kochen für die Gespensternacht	59
	Nachtfeier	83
LISTE		87

EDITORIAL

Die Mystik der Nacht

Wer kennt diesen Satz nicht? „Mama, ich will noch nicht ins Bett." Jeden Abend wird er tausendfach in deutschen Wohnungen formuliert. Für Eltern und Erzieher stellt sich die Frage: Warum wollen die Kinder nicht schlafen?

Die Nacht ist und bleibt für Kinder (aber auch für die meisten Erwachsenen) geheimnisumwittert. Sie sollen schlafen, haben aber gleichzeitig die Ahnung, dass eine ganze Menge - Gutes wie Schlechtes - eben auch nachts geschieht. Daher verstehen wir diesen KREISEL als eine Annäherung an das Phänomen der „Nacht", als eine ganzheitliche Annäerung.

Welche Bedeutung die Mystik der Nacht in der Menschheitsgeschichte hat, lässt sich allein daraus ermessen, dass im Herbst, wenn die Tage kürzer und die Nächte länger werden, viele Feste nachts gefeiert werden. Man denke nur an Halloween, St. Martin oder auch die „Heilige Nacht".

Wer nun denkt, mit diesem KREISEL eine Materialsammlung für diese Feste erworben zu haben, der irrt sich. Generell ist er nicht als eine bloße Ansammlung von Materialien zu verstehen. Vielmehr möchten wir, dass Sie und die Ihnen anvertrauten Kinder die Nacht mit ihren Geschehnissen spielerisch kennen lernen. Dabei haben wir uns auf die Themenbereiche „Tiere in der Nacht", „Sinne in der Nacht", „Berufe in der Nacht", „Besondere Nächte" und „Geschehnisse in der Nacht" beschränkt. Sollten Sie jetzt die Thematik „Traum" oder das Thema „Sonne, Mond und Sterne" vermissen, möchten wir auf die bereits erschienenen Kreisel „Ich träum' mir einen Regenbogen" und „Sonne, Mond und Sterne" verweisen. Diese können Sie als eine Ergänzung zu unseren Anregungen und Ideen betrachten.

Einen weiteren Schwerpunkt haben wir auf die sprachliche Förderung gelegt. Viele Sachinfos werden durch Geschichten an die Kinder herangetragen. Im Anschluss daran finden Sie aber immer Spielideen, Bastelanleitungen u.ä., die dabei helfen sollen, mit den Kindern die Geschichten und Sachinfos aufzuarbeiten. Deshalb ist es auch sinnvoll, die Geschichten und die zusätzlichen Ideen als Einheit zu betrachten.

Als Abschluss des Projektes - und wir finden, dass jedes Projekt einen würdigen Abschluss finden sollte - skizzieren wir eine mögliche Vorlesenacht und eine - auch religiös gestaltete - Nachtfeier.

Um den Kreisel für Sie und Ihre Kinder durchgängiger zu gestalten wird unser kluges Gespenst Viktor Sie durch die Vorschläge leiten. Viktor ist ein gutes und nettes Gespenst, Sie können ihn leicht als Marionette oder Hand-, bzw. Stabpuppe basteln, er würde dann mit Ihnen gemeinsam das Projekt gestalten (Anleitung s. S. 13).

Beim Ausprobieren unserer Anregungen und Ideen wüschen wir ihnen im wahrsten Sinne des Wortes eine „Gute Nacht" und viel Freude .

Margret Angel
Lotte Humbert

KIND UND THEMA

Mit der Sprache wird die Welt erschlossen

Nicht erst seit der Pisa-Studie wissen wir, dass Bildung in unserem Land eine größere Bedeutung beigemessen werden sollte. „Plötzlich" fällt Verantwortlichen in Politik und Wirtschaft auf, dass Kinder angeblich nicht mehr so leicht zu unterrichten sind, weil ihnen häufig sprachliche Voraussetzungen für einen erfolgreichen Besuch der Grundschule fehlen. Dabei ist Sprache nun einmal das zentrale Moment der menschlichen Kommunikation und nur mit ihr und durch sie kann weiteres Wissen erworben werden.

Aus welchem Grund auch immer diese sprachlichen „Unzulänglichkeiten" bestehen - wir nennen hier nur die Problematik der Migrantenkinder oder die häufige „Sprachlosigkeit" gerade auch in deutschstämmigen Familien -, Ziel muss es sein, die sprachliche Kommunikationsfähigkeit der uns anvertrauten Kinder durch spielerische Mittel zu fördern.
Wie kann dieses Ziel erreicht werden?

Zunächst einmal sind Erzieherinnen und Erzieher, aber auch Spielkameraden und Eltern, wichtige Sprachvorbilder, nach denen sich ein Kind im Spracherwerb richtet. Daher sollte man bei seiner eigenen Sprache auf deutliche Artikulation und grammatikalisch korrekte Spracheinheiten achten.

Daneben erwerben die Kinder weite Teile des späteren Wortschatzes und ein großes Maß an grammatischen Strukturen im Kindergartenalter, sodass es durchaus Sinn macht, gezielte Sprachförderangebote in diesem Alter zu geben.

Da die kindliche Aneignungsform von Wissen das Spiel ist, haben wir uns bemüht, alle Angebote durch spielerische Aktivitäten zu vermitteln. Ebenso wichtig ist ein Lernen mit „Kopf, Herz und Hand", denn nur Gegenstände, die in der Welt der Kinder eine Rolle spielen, die sie nicht nur sehen, sondern auch anfassen können, werden auch „begriffen" und werden so zu „Begriffen" für das Kind.

Dabei spielen auch weitere so genannte „sprachtragende Wahrnehmungen" eine große Rolle. Ein Kind, das Spaß hat, wird sich eher auf eine Sache einlassen können und lieber lernen; ein Kind, das bestimmte Wahrnehmungsdefizite mit sich herumschleppt, profitiert von einer gezielten Wahrnehmungsförderung gerade auch in seiner sprachlichen Entwicklung.

Wir denken, dass wir mit der Auswahl des Projektes „Von Sonnenuntergang bis Sonnenaufgang - Mit Kindern die Nacht erleben" ein Thema gefunden haben, welches sich durch Geschichten, Lieder, Tänze, Reime, Psychomotorikgeschichten, Bastelangebote und Sachbegegnungen gut eignet, eine zielgerichtete Spracharbeit in der Einrichtung durchzuführen und hoffen, Sie mit diesem KREISEL in Ihren Bemühungen bestmöglichst zu unterstützen.

ELTERNARBEIT

Eltern begleiten die Arbeit

Wie bei allen Projekten sollten die Eltern in die Gestaltung einbezogen werden. Dadurch erleben die Kinder kein „getrenntes" Leben zwischen Elternhaus und Einrichtung, sondern erfahren, dass ihre Tätigkeiten wertgeschätzt werden.

Eine aktive Mitarbeit der Eltern setzt natürlich voraus, dass Eltern über Ziele, Inhalte und methodische Gestaltung des Projektes informiert sind.

Um Ihnen diese Aufgabe zu erleichtern, haben wir bereits eine entsprechende Elterninfo geschrieben (siehe folgende zwei Seiten!), die Sie eigentlich nur noch vervielfältigen müssten. In dieser Informationsschrift stellen wir das Projekt als Ganzes vor, erläutern wichtige inhaltliche und methodische Schwerpunkte und erklären unser übergeordnetes Ziel der Sprachförderung. Daneben enthält sie Anregungen, wie Eltern ihre Kinder während der Zeit des Projektes begleiten können und eine Einladung zu einer Vorlesenacht bzw. Nachtfeier am Ende des Projektes. Diese Informationsschrift haben wir als ein Faltblatt konzipiert. Damit die Seitenreihenfolge stimmt, müssen Sie es nach dem Kopieren nur noch wie in der Zeichnung falzen.

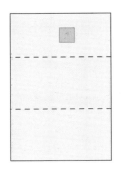

Natürlich können Eltern sich auch über das dargestellte Maß hinaus engagieren. Es wäre zum Beispiel denkbar, dass Eltern, die nachts manchmal arbeiten müssen, in Ihrer Einrichtung von ihren Erlebnissen berichten.

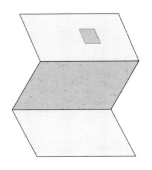

Selbstverständlich wäre auch die Mitarbeit von Eltern bei der Vorbereitung und Durchführung der Vorlesenacht bzw. der Nachtfeier hoch willkommen. Schließlich müssen für das Theaterstück die Kostüme genäht, das Bühnenbild gebastelt und der Zuschauerraum ansprechend dekoriert werden.

Und nicht zuletzt hätten die Kinder bei Nachtfeier bzw. Vorlesenacht ihre eigenen Eltern sicher gerne als Zuschauer, um ihnen ihr Projekt ausführlich vorzustellen.

Von Sonnenuntergang bis Sonnenaufgang

Wir erleben mit den Kindern die Nacht

Liebe Eltern,

in den nächsten Wochen wollen wir uns mit dem Thema Nacht beschäftigen. In diesem Infoblatt wollen wir Ihnen unsere inhaltlichen Schwerpunkte zu diesem Projekt vorstellen.

Neben der Erfahrung der Nacht mit allen Sinnen haben wir in diesem Projekt auf die sprachliche Förderung ein besonderes Augenmerk geworfen. Wir wollen zu jeder Geschichte, die wir mit den Kindern lesen, Angebote machen, um sie zum Sprechen anzuregen. Einige Überlegungen dazu werden wir Ihnen auf den nächsten Seiten genauer vorstellen.

Elternpost

Inhaltlich beschäftigen wird uns mit:

- den Berufen der Nacht
  (Arzt, Krankenschwester, Polizist, Fabrikarbeiter, Bäcker, Feuerwehrmann, Reporter)
- den Tieren der Nacht
  (Igel, Fuchs, Eule, Katze, Hamster usw.).
- Wie schlafen die Kinder in der Nacht?
- Kalender der besonderen Nächte
- Sinnesparcours

Ratgeber
Termine
Tipps

Sprachförderung durch psychomotorische Übungen

Psychomotorik definiert sich als die Verbindung zwischen sprachlichen und motorischen Elementen unter dem Aspekt der Identitätsentwicklung. Durch leichte Übungen, die sich gut in den täglichen Alltag der Einrichtung integrieren lassen, werden den Kindern vertraute Tätigkeiten oder Geschehnisse durch einfache Satzstrukturen beschrieben. Wichtig ist, dass die Übungen im Silbenrhythmus gesprochen werden und durch passende Gestik, Mimik und Ganzkörperbewegungen ergänzt werden. Hier ist ein Beispiel:

Eine Geschichte zum „Ins-Bett-gehen"

Hal	lo,	hal	lo!	1x	Betont sprechen / Winken
Es	ist	fast	acht.	2x	Zahl 8 mit Fingern zeigen
Du	musst	ins	Bett!	2x	
Oh	Ma	ma	nein.	2x	
Ich	bin	nicht	müde.	2x	
Lass	mich	noch	ein	1x	
klei	nes	biss	chen!	2x	
Bit	te,	bit	te!	2x	Bittend in Hände klatschen usw.

Daneben bemühen wir uns, durch Gespräche im Kreis und Gestaltungsaufträge, die Geschichten inhaltlich und emotional zu festigen.

Tipps

Sie kennen das sicher: Wenn es Zeit ist zum Schlafengehen, sagt Ihr Kind: „Ich will noch nicht schlafen, ich bin noch gar nicht müde!" Hier einige Tipps, wie Sie dem begegnen können.

- Öffnen sie vor dem Zubettgehen zehn Minuten das Fenster. Der Körper braucht während des Schlafens viel Sauerstoff.

- Lesen sie dem Kind eine Geschichte vor!
Astrid Lindgren: Nein, ich will noch nicht ins Bett!
Lena Kurzke: Tobias auf Traumfahrt
Maurice Sendak: Wo die wilden Kerle wohnen
Anette Bley: Sophia und die Gruselgeister
Achim Bröger: Ich kann nicht einschlafen!

- Manchmal ist die Lieblings-CD ein prima Schlafmittel..., aber nicht zu laut.

- Wie wäre es mit einem Fingerspiel?
*Eins, zwei, drei, vier, fünf
die machen sich auf die Strümpf',
die springen über Gräben,
und manchmal auch daneben.
Sie fallen in die Sümpf'
und weg sind alle fünf!*
Hände unter der Bettdecke verstecken. Ein Finger nach dem anderen kommt hervor. Plötzlich laufen alle zu dem Kind und krabbeln an den Schlafanzug.

- Auch einen Schlaflied wirkt manchmal Wunder:
„Der Mond ist aufgegangen"
„Weißt du wie viel Sternlein stehen"
„Guten Abend, gute Nacht"

Hier ist Viktor!

Wundern Sie sich nicht, wenn Ihr Kind ihnen nun häufiger von Viktor, dem Schlossgespenst erzählt.

Diese Figur setzen wir während des Projektes ein.

Frage: Geht die Sonne wirklich unter?

Viktor: Nein, die Sonne geht nicht unter. Wir können sie nur in der Nacht nicht sehen. Die Erde ist nämlich eine Kugel, die sich am Tag einmal um sich selbst dreht. Am Tag ist unsere Kugelseite der Sonne zugewandt, aber die Erde dreht sich ja weiter, deshalb geht bei uns die Sonne „unter", und auf der anderen Erdhälfte geht sie auf.

Sie sehen: Viktor beantwortet die Fragen der Kinder, erzählt ihnen die Geschichten, erklärt ihnen die Spiele usw.

Viktor rät den Eltern:

Die meisten Lebewesen nutzen die Nacht zur Ruhe. Nach einem Tag voller Anstrengung macht das Gehirn einen Vollbremsung: Wir schlafen. Es entspannen sich die Muskeln, wir erholen uns. Alles wird leiser, die Körpertemperatur sinkt, Herzschlag und Atemrhythmus werden ruhiger. Kinder brauchen 10 bis 12 Stunden Schlaf, Erwachsene 7 bis 8. Wer auf Dauer zu wenig davon bekommt, wird krank.

Zum guten Schluss

Als Abschluss unseres Projektes schlagen wir vor:

Eine Gespenstervorlesenacht

(mit Übernachtung in der Einrichtung)

oder

eine Nachtfeier

(mit Vorspiel eines Theaterstückes)

Teilen Sie uns mit, welche Idee Sie besser fänden.

Auf jeden Fall würden wir uns über Ihre Unterstützung freuen.

Dies könnte durch Essens- und Getränkespenden geschehen.

Für die Vorlesenacht bräuchten wir Eltern, die bereit wären, den Kindern die Geschichten vorzulesen. (Besonders schön wäre es, wenn dies in Verkleidung geschehen könnte.)

Auf jeden Fall unterstützen Sie unsere Arbeit, wenn Sie mit den Kindern die Psychomotorikübungen machen.

Gerne können Sie auch an unseren Kreisrunden teilnehmen, damit Sie einmal eine solche Übung live miterleben.

Für ihre Mitarbeit bedanken wir uns im Voraus.

Viktor

Viktor, das Schlossgespenst, begleitet uns mit seinen Hinweisen und Ratschlägen für die Kinder, aber auch für die Erwachsenen durch den KREISEL. Es wäre auch möglich, Viktor als Marionette herzustellen und ihn die Geschichten vorlesen zu lassen, die Spiele zu erklären usw. Hier ist eine Bastelanleitung.
Ihrer eigenen Kreativität sind natürlich keine Grenzen gesetzt.

BILDNERISCHES GESTALTEN

Viktor als Marionette

Material:
weißes Papier,
weißer Stoffrest 50 x 50 cm
weiße Wolle,
1 runder Tortendeckel,
Klebstoff und Schere,
ein 30 cm langer Holzstab,
schwarzes Klebeband

So geht's:
Papier zu einer Kugel formen. Sie bildet den Kopf. Darüber den Stoff legen und unterhalb der Kugel binden. Oben in der Mitte des Kopfes einen Wollfaden befestigen. Vorher das Tortendeckchen als Hut für das Gespenst mit Kleber befestigen. Das Fadenende in der Mitte des Holzstabes festknoten. Für die Arme werden rechts und links Zipfel mit einem Wollfaden verknotet. Auch diese am Holzstab befestigen. Aus dem schwarzen Klebeband Augen und Mund zuschneiden und aufkleben.
Fertig ist Viktor.

Viktor als Handpuppe

Noch einfacher zu gestalten ist unser Viktor als Handpuppe:

Material und Werkzeug:
1 weißes Küchentuch,
Watte,
Kochlöffel,
Bindfaden
und schwarzer Filzstift

Aus der Mitte des Stoffes den Kopf abbinden, mit Watte ausstopfen.
Kochlöffel durchstoßen.
Mit dem Bindfaden zubinden.
Viktor mit dem Filzstift ein Gesicht geben.

BILDNERISCHES GESTALTEN / SACHBEGEGNUNG

Sonnenuntergang und Sonnenaufgang

Das brauchen Sie:
30 cm x 15 cm schwarzer Tonkarton,
1 Musterklammer,
je ein 30 cm x 5 cm gelber, oranger und roter Transparentpapierstreifen,
weißer Tonkarton

So machen Sie's:

Aus der Vorlage das Muster für den Sonnenzeiger von der nächsten Seite auf weißes Tonpapier übertragen und ausschneiden.

An der eingezeichneten Stelle (1) stechen Sie mit einer Nadel auf dem Zeiger ein Loch, damit hier später die Musterklammer eingesteckt werden kann.

Auf dem schwarzen Karton drücken Sie an der unteren Kante in der Mitte ein Loch (2) ein.

Messen Sie am besten mit einem Zirkel den Abstand vom Loch des Sonnenzeigers bis zur Unterkante des Sonnenrundes (3). Übertragen Sie dann mit diesem Abstand einen Halbkreis auf den schwarzen Karton, wobei das Loch auf diesem der Mittelpunkt ist. Schneiden Sie diesen Halbkreis mit einem Abstand von links und rechts ein.

Befestigen Sie nun die weiße Sonne von hinten auf dem schwarzen Tonkarton, indem Sie die Musterklammer durch das Loch des Sonnenzeigers und des schwarzen Kartons stecken.

Führen Sie das Sonnenrund durch den im Halbkreis verlaufenden Schnitt nach vorne durch.

Kleben Sie dann die bunten Transparentpapierstreifen in der Reihenfolge (von unten nach oben) rot, orange und gelb auf. Die Streifen dürfen aber nur an den Rändern beklebt werden. Sonst kann die Sonne darunter nicht bewegt werden.

Wenn man den weißen Tonkarton dreht, ist der Sonnenuntergang und Aufgang sichtbar.

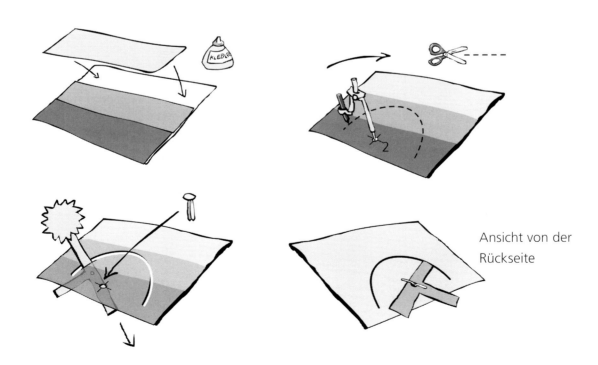

Ansicht von der Rückseite

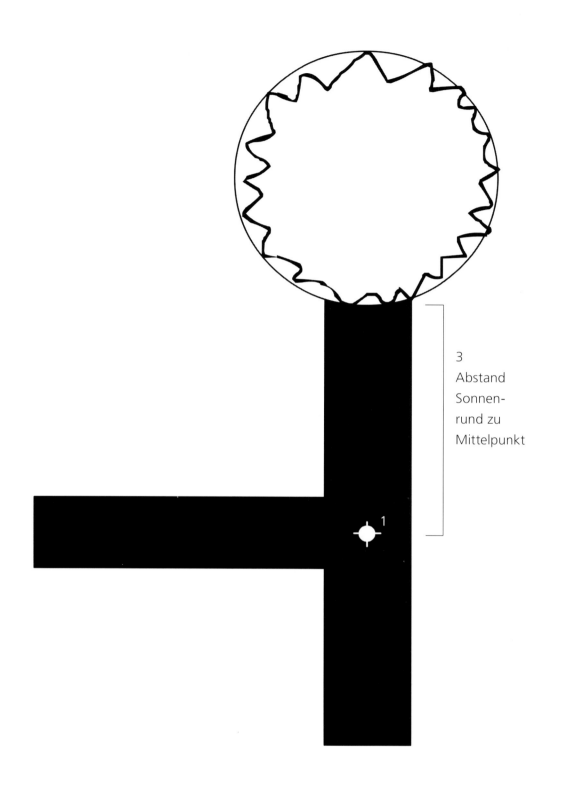

3
Abstand
Sonnen-
rund zu
Mittelpunkt

SACHBEGEGNUNG

Fragen zur Nacht

Dieses Kapitel soll Ihnen einige Anregungen an die Hand geben, wie Sie mit Kinderfragen zur Nacht methodisch umgehen könnten. Eine große Rolle spielt dabei wieder unser kluges Schlossgespenst Viktor. Viktor beantwortet alle Fragen, die die Kinder ihm stellen. Einige ausgewählte Fragen mit exemplarischen Antworten finden Sie im weiteren Verlauf des Kapitels.

Sollten in Ihrer Gruppe keinerlei Fragen auftreten, Sie die Wissensvermittlung aber nicht vernachlässigen wollen, so bietet sich an, die Handpuppe Viktor Fragen stellen zu lassen. Die Kinder sind sicherlich bereit, Viktor alles zu erklären.

Einige ausgewählte Fragen und Viktors Antworten:

Frage:
Warum muss ich schlafen gehen?
Viktor:
Du bist den ganzen Tag herumgelaufen, hast gespielt, gegessen und getrunken. Deshalb bist du jetzt müde. Dein Körper braucht eine Pause, um sich zu erholen. Während dieser Pause schläfst du.

Frage:
Warum muss ich manchmal gähnen?
Viktor:
Mit dem Gähnen zeigt dir dein Körper, dass er müde ist. Jetzt ist es wirklich Zeit, schlafen zu gehen!

Frage:
Geht die Sonne wirklich unter?
Viktor:
Nein, die Sonne geht nicht unter. Wir können sie nur in der Nacht nicht sehen. Die Erde ist nämlich eine Kugel, die sich am Tag einmal um sich selbst dreht. Am Tag ist unsere Kugelseite der Sonne zugewandt, aber die Erde dreht sich ja weiter, deshalb geht bei uns die Sonne „unter" und auf der anderen Erdhälfte geht sie auf.

Frage:
Schlafen alle Menschen nachts?
Viktor:
Nein, es gibt Menschen, die nachts arbeiten. Polizisten, Feuerwehrleute, Ärzte und Pfleger, aber auch Bäcker und Lastwagenfahrer müssen nachts arbeiten.

Frage:
Wache ich morgens wieder so auf, wie ich abends eingeschlafen bin?
Viktor:
Nein, auch wenn du schläfst, bewegst du dich. Manche Menschen gehen nachts sogar spazieren! Die meisten Menschen bewegen den Kopf, die Arme und die Beine. Oder sie schlafen auf dem Rücken liegend ein und wachen auf dem Bauch liegend wieder auf.

Da hätte ich noch eine Aufgabe für dich. Eigentlich ist es auch ein kleines Spiel:
Auf den nächsten beiden Seiten siehst du einige Bilder von einem Kind von Sonnenuntergang bis Sonnenaufgang. Schau sie dir gut an. Was siehst du darauf? Kannst du die Bilder so ordnen, dass sie in der richtigen Reihenfolge liegen?

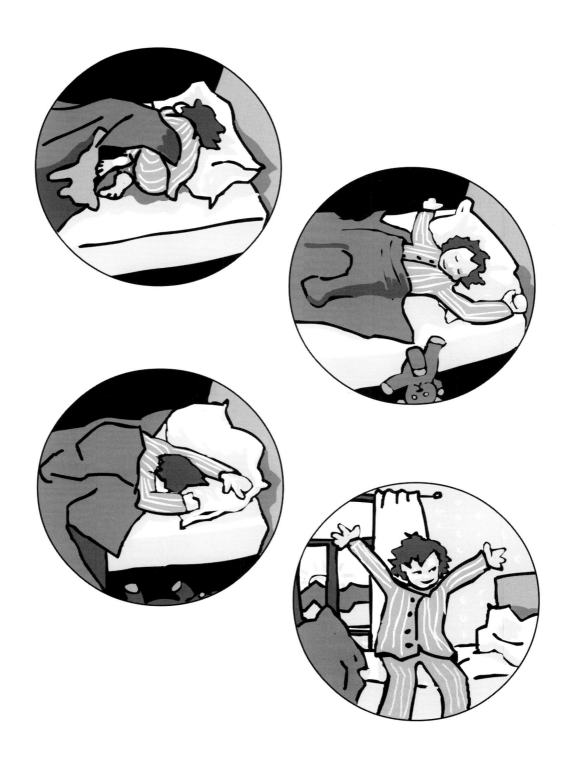

BILDNERISCHES GESTALTEN / SACHBEGEGNUNG

Die Nachtuhr

Tipp von Viktor:
Die Bilder zeigen ein Kind während verschiedener Phasen vom „Ins-Bett-gehen" bis zum Aufwachen am nächsten Morgen.
Zusammen mit den Kindern könnte man eine „Nachtuhr" gestalten. Dazu brauchen Sie:
- Plakatkarton
- Filzstifte
- runde Form (um die Uhr zu zeichnen)
- Tonpapier
- evtl. Musterklammer

Auf den Plakatkarton wird eine große Uhr gezeichnet. Aus dem Tonpapier lassen sich Zeiger basteln, die Sie mit der Musterklammer beweglich auf der Uhr befestigen können. Es empfiehlt sich, Ziffern auf das Uhrblatt zu schreiben. Der jeweiligen Uhrzeit können dann entsprechende Bilder zugeordnet werden. Evtl. können Sie die Bilder per Kopierer vergrößern und von den Kindern ausmalen lassen. An dieser „Nachtuhr" können auch die „Berufe-Bilder" ab S. 33 präsentiert werden.

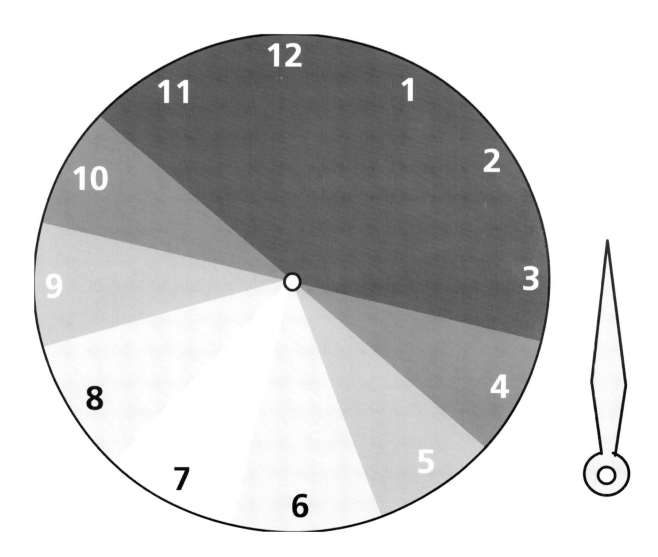

BILDNERISCHES GESTALTEN / SPRACHGESTALTUNG

Erzählkiste
„Viktor im Schlosskeller"

Eine weitere Anregung zum Umgang mit der Figur Viktor ist die Herstellung einer „Erzählkiste". Diese Kiste bietet variantenreiche Sprachanlässe und lässt sich leicht herstellen. Die Kinder können, nachdem sie die Kiste gebastelt haben, eigene kleine Theaterstücke erfinden und mit der Kiste nachspielen.

So geht's:
Zunächst wird der Schuhkarton innen braun oder grau grundiert. Aus den Tonpapierresten werden Kellerfenster oder -türen hergestellt und an der Rückseite (Da der Karton auf einer Längsseite steht, ist die Rückseite der frühere Boden.) des Kartons befestigt. Aus den Tonpapierstreifen lassen sich durch Ziehharmonikafaltung Treppen herstellen, die von der oberen Kante in den Schuhkarton herunterführen. Je nach Lust und Laune kann der Kellerraum auch noch mit Regalen, Tischen oder Stühlen möbliert werden. Aus den Stoffresten wird unser Viktor gebastelt und mit dem Zwirn an der Kellerdecke aufgehängt. Wenn man ihn an zwei verschiedenen Stellen aufhängt, kann er durch Ziehen an den Schnüren auf und ab hüpfen.

Sie können dazu selbstverständlich noch weitere beliebige Figuren basteln.

So könnten Sie die Erzählkiste einsetzen:
Sie stellen den Kindern die Kiste zunächst vor und spielen eine Szene vor.

Aus dieser Spielszene sollen die Kinder dann möglichst den Fortgang der Geschichte planen und später auch selber spielen.

Zwei Ideen für ein Anspiel finden Sie nachfolgend.

Material und Werkzeug:
Schuhkarton,
Wasserfarben, Pinsel,
braune und schwarze
Tonpapierstreifen
ca. 2 und 4 cm breit,
Tonpapierreste,
weiße Stoffreste,
evt. Nähnadel und Faden,
Kleber, Schere

Ein Gespenst hat Angst vor Mäusen

Viktor ist mit seiner Schwester Viktoria im Schlosskeller.

Viktor *Uuuuhhhh, super gleich ist Geisterstunde!*

Viktoria *Ich... ich freue mich gar nicht darauf.*

Viktor *Warum denn nicht? Wir treffen doch gleich unsere Freunde.*

Viktoria *Quatschkopf, vor Trina, der bucklige Spinnenfrau oder Fredi, dem einäugigen Vampir hab ich doch keine Angst.*

Viktor *Ja, aber vor wem hast du denn Angst?*

Viktoria *Trau ich mich gar nicht zu sagen.*

Viktor *Warum nicht?*

Viktoria *Weil du mich dann bestimmt auslachst.*

Viktor *Aber Viktoria, das würde ich nie machen. Komm sag schon!*

Viktoria *Also, na gut. Ich hab Angst vor den Mäusen hier unten im Keller. Die werden immer wach und rennen dann hier überall rum.*

Viktor lacht und lacht und lacht.

Viktoria *Siehst du jetzt lachst du doch.*

Viktor *Na, hör mal, das ist doch wirklich komisch. Ein Gespenst, das Angst vor Mäusen hat!*

Viktoria ist sehr betrübt und fängt an zu schluchzen. *Ich weiß doch auch nicht, was ich machen soll.*

An dieser Stelle spielen die Kinder weiter.

Die Rache

Viktor ist mit seinem Freund Fredi, dem einäugigen Vampir im Keller.

Fredi So ein Gemeinheit, so eine hundsgemeine Gemeinheit!

Viktor Mensch, Fredi, was ist denn los? Warum regst du dich so auf?

Fredi Ach, der Kuno hat mich verpetzt.

Viktor Wann?

Fredi Gestern hat er meinen Eltern erzählt, dass ich manchmal zu den Menschen ins Dorf runterfliege.

Viktor Und was haben deine Eltern gesagt?

Fredi Die haben vielleicht geschimpft. Mein Vater hat gesagt, dass ich, wenn ich das nochmal mache, für eine Woche eingesperrt werde, und meine Mama hat gesagt, dass ich dann nie mehr vor ihrem Geisterpudding bekomme.

Viktor So eine Gemeinheit. Der Kuno fliegt doch selbst zu den Menschen ins Dorf.

Fredi Genau. Ich könnte ihn hauen.

Viktor Nö, da weiß ich was viel besseres.

Fredi Ja? was denn?

An dieser Stelle spielen die Kinder weiter.

Wortreich

Nacht Nachtfalter Nachtprogramm Nachtzug

Nachtgespenst Nachtschwärmer Nachtarbeit

Nachtschicht Nachtclub Silvesternacht

Nachtgebet Nachtschattengewächse Nachttisch

Nachtgebet Nachtwäsche Nachttarif Nachtbus

Nachtvogel Nachtvorstellung nachtwandeln

Nachtschlaf Nachtruhe übernachten nächtigen

Weihnachten Nachtflug Gewitternacht

Hexennacht Fastnacht Nachtwächter

Nachtleben Nachtschränkchen Nachtigall

Nachtstrom nachtaktiv Nachtechsen Nachtglas

Nachtblindheit Mitternacht Mittsommernacht

Nachtblüher Nachtfrost Nachtnelke

Nachtkerze Nachtschweiß Nachtsichtgerät

ABC der Nacht

A wie Arzt, der sich auch in der Nacht um die Kranken kümmern muss.

B wie Buch, das die Kinder nachts heimlich unter der Bettdecke lesen.

C wie Chamäleon, das wie wir in der Nacht schläft.

D wie Dachs, der in der Nacht seinen Bau verlässt um Futter zu suchen.

E wie Eulen, die völlig lautlos durch die dunkle Nacht fliegen.

F wie Frösche, die nachts meist nur im Chor quaken.

G wie Gespenster, die in der Nacht herumgeistern.

H wie Hund, der in der Nacht das Haus beschützen soll.

I wie Igel, der sich auch in der Nacht bei Gefahr zusammenrollt.

J wie Journalisten, die nachts schreiben, damit morgens die neuesten Nachrichten in der Zeitung stehen.

K wie Kerzen, die Licht ins Dunkel der Nacht bringen.

L wie Licht, das die Kinder oft noch brennen lassen, weil sie Angst haben.

M wie Mozarts kleine Nachtmusik.

N wie Nachtwächter, die früher die Straßenlaternen angezündet haben.

O wie Ohrenfledermäuse, die nachts auf Insektenjagd gehen.

P wie Puppe, ohne die viele Kinder nachts nicht einschlafen können.

Q wie Quokkoas, Kängurus, die nur in der Morgen- oder Abenddämmerung hervorkommen.

R wie Rotfuchs, der am liebsten nachts durch die Gegend läuft.

S wie Sterne, die in der Nacht so schön funkeln.

T wie Träume, die wir in der Nacht erleben.

U wie Uranus, ein Planet, der nur am Nachthimmel zu erkennen ist.

V wie Vampire, die in der Nacht auf der Jagd nach Blut sein sollen.

W wie Waschbären, die nachts in Mülltonnen nach Futter suchen.

X, **Y** und **Z** wie zzzz...zzzzzzz... Wer schläft hier denn schon?

PSYCHOMOTORIK

Eine Geschichte zum „Ins-Bett-Gehen"

Psychomotorik definiert sich kurz gesagt als die Verbindung zwischen sprachlichen und motorischen Elementen unter dem Aspekt der Identitätsentwicklung. Insbesondere Barbara Kleinert-Molitor entwickelte auf dieser Basis leichte Übungen, die sich gut in den täglichen Alltag in Kindergarten oder Schule integrieren lassen.

Den Kindern vertraute Tätigkeiten oder Geschehnisse werden dabei durch einfache Satzstrukturen beschrieben. Bei der Gestaltung der kleinen Übungssequenzen sollten die Ideen der Kinder aufgenommen werden, auch um die Übungen dem sprachlichen und motorischen Entwicklungsstand der jeweiligen Kindergruppe anzupassen. Daher können an dieser Stelle nur Vorschläge gemacht werden, wie solche Übungen aussehen könnten.

Wir schlagen im Folgenden Geschichten vor, die im Rhythmus (meistens im Silbenrhythmus) gesprochen werden und durch passende Gestik, Mimik und Ganzkörperbewegungen ergänzt werden sollten.

Hal	lo,	hal	lo.	
Es	ist	fast	acht.	2x
Du	musst	ins	Bett!	2x
Oh,	Ma	ma,	nein,	2x
ich	bin	nicht	müde.	2x
Lass	mich	noch	ein	
klei	nes	biss	chen!	2x
Bit	te,	bit	te!	2x
Na,	al	so	gut.	2x
Aber,	wenn	die	Uhr schlägt,	2x
gehst	du	ins	Bad.	2x
Ding,	ding,	ding,	ding.	
Oh	je,	die	Uhr!	2x
Ding,	ding,	ding,	ding.	
Jetzt	ist	es	acht.	2x
Die	Ma	ma	ruft.	2x
Ich	muss	ins	Bett.	
A	ber	zu	erst	
geht's	noch	ins	Bad.	2x
Klei	der	aus	zieh'n.	2x

Schlaf	an	zug	an.			2x
Huch,	hopp	la,	fal	scher	Arm.	
Schlaf	an	zug	an.			2x
Hahn	auf	dre	hen.			2x
Zäh	ne	put	zen,			2x
drei	Mi	nu	ten.			2x
Hahn	zu	dre	hen,			2x
Was	ser	spa	ren.			2x
Zäh	ne	put	zen,			2x
oben,	unten,	links,	rechts,			2x
aus	spu	cken,				2x
Mund	aus	spü	len.			2x
Ge	sicht	wa	schen.			2x
Oh	ren	ver	ges	sen,	na	ja.
Ab	ins	Bett,	ruft	die	Ma	ma.
Im	Zim	mer	war	tet	der	Pa pa.
Er	hat	ein	Buch	in	sei	ner Hand.
Jetzt	kommt	ei	ne	Ge	schich	te!
Huch,	die	Lam	pe	brennt	schon	hell.
Ich	ku	schel	mich	ganz	schnell.	
Der	Pa	pa	liest	schon.	Oh	je,
vom	Wolf	und	von	den	...	

29

ERZÄHLEN

Menschen, die nachts arbeiten...

„Los, kommt jetzt! Das Frühstück steht schon auf dem Tisch, und der Bus wartet nicht!"

Es ist wie an jedem Morgen. Mutti war schon beim Bäcker und hat den Tisch gedeckt. Till und Hanna haben sich gewaschen und angezogen und trampeln nun die Treppe herunter. Sie rennen auf ihre Plätze.

„Man sagt ‚Guten Morgen'", grummelt es hinter der Zeitung. Das ist Papa, er ist ein richtiger Morgenmuffel und überhaupt nur genießbar, wenn er seine Morgenzeitung vor sich hat.

„Guten Morgen", sagt Hanna. „Guten Morgen", grüßt auch Till und schnappt sich gleich ein Brötchen und die leckere Kirschmarmelade für oben drauf. Mama rührt den beiden einen Kakao an. Sie ist immer gut gelaunt. „Ach, habe ich heute Nacht gut geschlafen." sagt sie. „Ich bin nur einmal aufgewacht, als die Zeitungsfrau die Zeitung in den Briefkasten geworfen hat. Da war es noch ziemlich dunkel. Zum Glück bin ich dann noch einmal eingeschlafen."

„Die Zeitungsfrau wirft nachts die Zeitung ein?" denkt sich Till. „Ja, schläft sie denn nicht?" „...und als ich dann zum Bäcker kam, da waren die Brötchen noch ganz frisch von der Nacht", erzählt Mutti weiter. „Das gehört sich auch so", grummelt es hinter der Zeitung. Till ist ganz aufgeregt. Er ist jeden Abend müde und geht ins Bett, damit er am anderen Morgen fit und munter in den Kindergarten gehen kann. „Wer hat die Brötchen denn gebacken, und wieso hast du so früh schon deine Zeitung, wann schlafen denn die Bäcker und die Zeitungsfrauen?"

„Unser Bäcker und unsere Zeitungsfrau schlafen auch", beruhigt ihn Mutti, „sie stehen nur viel früher auf als du, weil sie arbeiten müssen."

„Viele Menschen arbeiten nachts", ergänzt Papa, „nicht nur, damit wir morgens schön frühstücken können..."

„Oh, jetzt wird´s aber wirklich Zeit für den Bus, sonst kommt ihr noch zu spät...", Mutti packt schnell die Brote für den Vormittag zusammen und bringt Hanna und Till zur Haustür. Papa lernt immer noch seine Zeitung auswendig. Und Till hat noch so viele Fragen: zum Beispiel wann der Bäcker und die Zeitungsfrau denn schlafen und wer nachts noch alles arbeiten muss und vor allem warum?

Aber vielleicht könnt ihr ihm ja helfen. Denkt mal darüber nach oder fragt einfach Viktor, unser kluges Schlossgespenst.

Viktor wohnt zwar in einem alten Schloss, aber da er nachts viel in der Gegend rumfliegt, kennt er sich gut aus. Viktor erzählt:

„Der Papa von Till und Hanna hat recht. Viele Menschen arbeiten nachts. Da gibt es zum Beispiel die Bäcker. Ein Bäcker muss mitten in der Nacht, so gegen 2.30 Uhr aufstehen. Dann frühstückt er. Meistens schläft die Bäckerfamilie noch. Dann bereitet er den Teig für die Morgenbrötchen vor. So gegen 4.00 Uhr kommt auch der Bäckergeselle und gemeinsam werden die Brötchen gebacken. Spätestens um 6.00 Uhr müssen die ersten Brötchen im Laden sein, damit die ersten

Kunden sie kaufen können.

Meint ihr, der Bäcker und sein Geselle gingen danach schlafen? Da täuscht ihr euch aber, denn dann muss der Bäcker erst einmal den Teig für die Brote kneten und die Brotlaibe formen. Dann wird auch das Brot gebacken.

Und was meint ihr, wer die ganzen Teilchen und Kuchen backt, die ihr auch in einer Bäckerei kaufen könnt? Der Bäcker natürlich. Am frühen Nachmittag schließt er aber seine Backstube und geht nach Hause. Dann kann er sich von seiner Arbeit ausruhen und sich um seine Familie kümmern. Er muss aber früh wieder ins Bett, weil ja ganz früh morgens der Wecker wieder rappelt!

Aber der Bäcker ist nicht der einzige, der nachts nicht schlafen kann. In Krankenhäusern müssen sich auch nachts Ärzte und Schwestern um die kranken Menschen kümmern. Sie haben meistens die ganze Nacht über damit zu tun, Verbände zu wechseln, Tabletten zu verteilen oder vielleicht sogar einen kranken Menschen zu operieren. Auf jeden Fall müssen sie immer sofort da sein, wenn Menschen Hilfe brauchen. Genauso ist es mit den Frauen und Männern, die bei der Polizei und bei der Feuerwehr arbeiten. Auch sie müssen nachts wach sein und aufpassen, dass nichts passiert. Natürlich sind sie nicht den ganzen Tag und die Nacht im Einsatz. Menschen, die in der Nachtschicht arbeiten, haben den Tag über frei und müssen dann schlafen.

Große Fabriken stellen auch nicht einfach ihre Fließbänder abends ab. Dort arbeiten die Arbeiter meistens in drei Schichten. Die erste Schicht fängt morgens um 6.00 Uhr an und geht bis mittags um 14.00 Uhr. Dann kommen die Arbeiter der Abendschicht, die bis 22.00 Uhr in der Fabrik bleiben müssen. Schließlich kommt die Nachtschicht, das sind die Arbeiter, die nachts von 22.00 Uhr bis 6.00 Uhr morgens in der Fabrik arbeiten. Vielen Nachtarbeitern fällt es schwer, sich an das Schlafen tagsüber zu gewöhnen. Aber es muss eben auch nachts gearbeitet werden!"

Das hat Viktor alles erzählt.

Vorschläge zur Arbeit mit dem Text:

• *Vorlesen, bei geeigneten Stellen (Pausenzeichen) die Kinder vermuten lassen, wie es weitergeht.*

• *Bilder zu den jeweiligen Berufen malen lassen und zur Nachtuhr dazu kleben.*

• *Erfahrungen der Kinder mit nachts arbeitenden Familienmitgliedern aufnehmen.*

• *Die Geschichte kann mit den Karten de folgenden Seiten (ab der übernächsten) als Quartettspiel vertieft werden.*

GEDICHT / PSYCHOMOTORIK

Arbeit in der Nacht
Psychomotorikgeschichte oder Gedichtt

Die Uhr schlägt drei.
Ding, ding, ding.
Der Wecker rappelt.
Ring, ring, ring.
Huh, der Bäcker gähnt.
Aufsteh´n, aufsteh´n!
Der Bäcker muss jetzt Brötchen backen.
Mehl abwiegen, (2 x)
Wasser messen, (2 x)
Hefe nehmen, (2 x)
Teig kneten, (2 x)
Brötchen formen, (2 x)
Ofen vergessen, (2 x) oh Gott!

Draußen wird es langsam hell.
Die Brötchen backen jetzt ganz schnell.
Aufpassen, aufpassen!
Nicht verbrennen. (2 x)
Hm, sie duften und sie schmecken.

Um sechs Uhr in die Bäckerei!
Ding, dong.
Mama kauft die Brötchen ein.
Ich hätte gerne sieben Stück.
Eins, zwei, drei, vier, fünf, sechs, sieben.
2 Euro 80 bitte. Danke.
Schon stehen sie auf des Tisches Mitte.

Tipp von Viktor:
Nachtberufe raten
Jeder denkt sich abwechselnd einen Nachtberuf aus.
Dieses Spiel kann man auf zwei Arten spielen:
Ohne Worte:
Derjenige, der dran ist, spielt ohne Worte den anderen den Beruf vor, den er sich ausgedacht hat.
Mit Worten:
Die anderen müssen den Beruf durch Fragen erraten. Derjenige, der dran ist, darf nur mit „Ja" oder „Nein" antworten.

SPIELEN

Nachtberufe-Quartett

Dieses Quartett kann wie jedes andere gespielt werden.
Senkrecht untereinander finden Sie immer verschiedene Bilder eines Berufes.
Wenn die Kinder die von Ihnen kopierten und auf Karton geklebten Karten noch ein wenig farbig gestalten, sind sie natürlich noch ansprechender.

Variation:

Selbstverständlich könnten Sie aus den Bildern auch ein Vierer-Memory (statt des bekannten Paar-Memorys) oder auch ein Nachtberufe-Lotto gestalten.

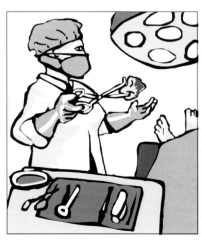

SACHBEGEGNUNG / BILDNERISCHES GESTALTEN

Kalender der besonderen Nächte

Überall auf der Welt haben die Menschen unterschiedliche Vorstellungen von der Nacht.

Viele Feste werden in der Nacht gefeiert. Der Kalender auf den folgenden Seiten soll den Kindern zeigen, wie besondere Nächte in den verschiedenen Länder gesehen und gefeiert werden. Dabei wird einerseits das Fest und seine Bedeutung kurz erklärt, zum anderen finden Sie auf jedem Kalenderblatt Mal- oder Gestaltungsvorschläge. Die Kinder können so eigenständig das Kalenderblatt gestalten.

Sie können die Kalender für jedes Kind ihrer Gruppe kopieren und von ihm gestalten lassen oder einen Kalender vergrößern und in den Gruppenraum hängen. Abwechselnd können dann zwei bis drei Kinder an einem Kalenderblatt arbeiten.

Januar und Februar

Lin in China

Lin aus Peking in China ist schon aufgeregt. Heute, am Neujahrsabend kommt die ganze Familie zu Besuch. Lin hilft der Mutter, den Tisch zu decken. Lins Schwester zündet die Laternen an. Lins Vater bereitet das Feuerwerk vor, damit soll das Ungeheuer Lian vertrieben werden.

Endlich kommen die Gäste. Lin darf heute bis zum Feuerwerk wach bleiben. Im Bett träumt sie dann vom Laternenfest in zwei Wochen. Dort werden Riesendrachen aus Seide und Papier und Bambus durch die Straßen getragen.

Male den Drachen an.

José in Brasilien

José lebt in Rio de Janeiro, einer Stadt in Brasilien. Schon seit Tagen wartet er gespannt auf die Umzüge zu Karneval. Jede Tanzschule bereitet einen Wagen für den Umzug vor. Der schönste Wagen gewinnt dann einen Preis. Josés Schwestern sind schon ganz aufgeregt und bereiten ihre Kostüme vor, die sie mit Federn, Perlen und Pailletten besticken. Dann ist es soweit: Drei Nächte wird getanzt.

Josés Schwestern sehen in ihren Nixen- und Feenkostümen einfach wunderschön aus.

Was glaubst du, wie sehen die Kostüme aus?
Nimm Federn und Perlen zu Hilfe.

März und April

Rashdi in Indien

Rashdi lebt mit seiner Familie in Indien. Dort wird der Frühlingsanfang mit einem großen Feuerfest gefeiert. Deshalb ist Rashdi mit seinem Vater zum Holzsammeln gegangen. Sie schichten es zu einem großen Haufen auf. Heute Abend wollen sie es verbrennen. Das Feuer zeigt dann auf das Land, das im nächsten Jahr die größte Ernte bringen wird. Rashdis Vater schaut ganz gebannt auf das Feuer. Er ist Bauer und möchte im nächsten Jahr wieder eine große Ernte einfahren.

Rashdi freut sich noch mehr auf die Farbenschlacht. Die Kinder in Indien vermischen Wasser mit Farbpulver und besprühen sich dann mit Wasserpistolen. Sie tun dies, weil sie sich freuen, dass der Winter endlich vorbei ist

Wie sieht das Kind wohl nach der Farbenschlacht aus?
Kleckst doch mal mit Fingerfarben!

Olivia in Spanien

Olivia lebt mit ihrer Familie in Sevilla in Spanien. Heute wimmelt es in den Straßen der Stadt von Menschen. Es ist der 19. März, das Fest des heiligen Josef. Olivias Familie sitzt gemütlich beim Essen zusammen, aber Olivia ist ganz aufgeregt und zieht immer wieder am Arm des Vaters: „Papa, lass uns gehen. Der Umzug fängt gleich an." Sie drängt so, weil sie einen guten Platz haben möchte, wenn die großen bunten Figuren aus Pappmaschee durch die Straßen getragen werden. Die Statuen sind so groß, dass sie mit Kränen an Ort und Stelle gebracht werden müssen. Diese Figuren sind mit Feuerwerkskörpern ausgestopft, und um 12 Uhr werden sie angezündet.

Endlich gehen sie los. Olivia kommt aus dem Staunen nicht mehr heraus. Am besten gefällt ihr die große Statue, die das Dornröschen darstellen soll. Doch um 12 Uhr ist das vorbei. Das Feuerwerk geht los und die Statue fliegt in tausend Fetzen.

Wie würde eine solche Figur wohl bei euch aussehen?

Mai und Juni

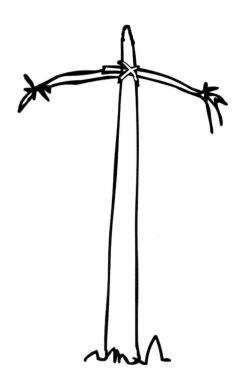

Mette in Schweden

Mette lebt mit ihrer Familie in Schweden und der 21. Juni ist für sie ein ganz besondere Tag. Es ist Mittsommernacht. Man feiert dann den längsten Tag und die kürzeste Nacht. D.h. es wird gar nicht richtig dunkel in Schweden. Mette freut sich auf diese Fest, weil sie an dem Tag ihre Tracht tragen darf und mit der Familie den Maibaum schmücken kann. Die ganze Nacht feiert Mette mit Freunden und tanzt um den Maibaum.

Der Maibaum hat hier die Form eines Kreuzes und ist mit Blumen und Blättergirlanden geschmückt

Malt den Maibaum an!

 Viktor, das Schlossgespenst:
Ihr könnt auch selbst einen Maibaum in euren Gruppenraum stellen. Dazu baut euch ein Gerüst aus Holz (gibt es auch in vielen Bastelläden zu kaufen) und schmückt ihn mit Buchsbaum und Bändern.

Nyn Li in Vietnam

Nyn Li macht sich am Abend mit seiner Mutter und seiner Schwester auf den Weg zu einem Kloster. Heute ist das Visakha-Fest. Das ist ein sehr ruhiges, fast stilles Fest. Nyn Li und seine Familie haben Kerzen, Weihrauch und Nahrungsmittel auf Tellern verteilt und bringen diese zu einem Kloster. In diesem Kloster ist eine Statue von Buddha, dem Gott der Buddhisten, aufgebaut. Man feiert das Fest, weil man glaubt, Buddha sei an diesem Tag geboren und auch gestorben.
Bevor Nyn Li den Teller vor der Statue abstellt, umwandert er dreimal das Kloster.

Fahrt den Weg zum Kloster nach!

Juli und August

Handan in Sri Lanka

Schon ganz früh am Morgen ist Handan aufgestanden. Er muss mit seinen Brüdern einen Elefanten schmücken. Dieser Elefant soll heute beim Festumzug mitlaufen.

In Sri Lanka, dorther kommt Handan, feiert man das Esala-Perahera-Fest. Die Elefanten werden mit großen bunten Tüchern und bunten Lichtern behängt. Einer der Elefanten trägt auf seinem Rücken eine Kiste. In dieser Kiste ist ein Zahn von Buddha gelagert. Viele Menschen kommen von weit her, um den Zahn ihres Gottes zu sehen. Aber nicht nur der Elefant muss geschmückt werden, auch die Kinder müssen sich ihre Tracht anziehen. Handan geht bei dem Umzug neben dem Elefanten und tanzt mit einer Trommel vor den vielen tausend Zuschauern.

Malt prächtige Tücher auf den Elefantenrücken.
Schöner wäre vielleicht, wenn ihr aus Stoffresten einen Elefanten-umhang aufkleben könntet.

Stefan in Deutschland

Malt das Bild von einem Grillfest aus.

September und Oktober

Chen in China

Chen ist ganz stolz. Sie hat heute ihren ersten eigenen Mondkuchen gebacken. Schon ganz früh ist sie mit der Mutter aufgestanden und hat alles für das große Fest vorbereitet. Heute feiert man das Mondfest in China, und da der Mond nur am Abend zu sehen ist, kommen die Gäste, die ganze Familie, erst am Abend. Alle probieren von Chens Kuchen und loben ihn, weil er so gut schmeckt. Zu dem Kuchen trinkt man Tee und plaudert, weil man sich schon länger nicht mehr gesehen hat.

Vielleicht könnt ihr ein Bild vom Mond malen!

Mike und Samantha in den Vereinigten Staaten von Amerika

Mike und Samantha sind ganz aufgeregt. Denn heute ist der 31. Oktober, Halloween. Das bedeutet, dass sich alle Kinder in Amerika heute verkleiden dürfen. Mike hat sich ein cooles Skelettkostüm ausgesucht und Samantha verkleidet sich als gruselige Hexe: Mit Freunden treffen sie sich, um von Haus zu Haus zu ziehen. Wer den Kindern keine Süßigkeiten schenkt, ist dann selbst schuld. Der wird mit Tomaten beworfen oder Rasierschaum eingeseift. Viele Leute stellen aber auch Kürbislaternen auf, um sich in der Nacht vor den bösen Vampiren und Hexen zu schützen.

Schneidet ein Kürbisgesicht aus Papier aus und malt es an.

November und Dezember

Soner in der Türkei

Soner ist mit seinem Vater auf das Dach geklettert. Sein Vater hat ein Fernrohr aufgestellt. Er beobachtet den Himmel und wartet darauf, dass der Mond sich zeigt. Wenn der Mond aufgegangen ist, bedeutet dies, dass das Ende des Ramadan gekommen ist. Das ist der Fastenmonat der Moslems. Im Ramadan dürfen die Moslems von Sonnenaufgang bis Sonnenuntergang nicht essen. Deshalb feiern alle, wenn dieser Monat vorbei ist, das Fest Id al Fitr.

Der Mond ist aufgegangen. Soner und sein Vater gehen runter, und das Fest kann beginnen. Viele Verwandte sind gekommen, um zum ersten Mal nach einem Monat wieder gemeinsam zu essen und zu feiern.

Male das Bild mit Soner und seinem Vater aus!

Peter und Jonas in Deutschland

Es ist 11 Uhr am Abend. Die Eltern von Peter und Jonas sitzen noch gemütlich zusammen und reden. Die Jungen drängeln: „Oh Mann, wann gehen wir endlich? Wir verpassen das Feuerwerk." „Nur mit der Ruhe", sagt der Vater, „wir verpassen nichts." Nur noch Jacke und Mütze an. Dann geht es endlich los. Es ist der 31. Dezember, Silvester.

Kurz vor 12 Uhr nachts macht sich die Familie auf den Weg zum Brandenburger Tor in Berlin. Dort treffen sich um Mitternacht tausende Menschen, um das Feuerwerk zu sehen. Um Schlag 12 Uhr geht es los. Das neue Jahr hat begonnen. Peter und Jonas können gar nicht genug bekommen von den bunten Raketen, die in den Nachthimmel gefeuert werden.

Malt ein Feuerwerk in den dunkeln Nachthimmel.

ERZÄHLEN / KLANGGESCHICHTE

Schreck in der Nacht
Gruselgeschichte zum Vertonen

Kinder hören gerne Geschichten, aber noch lieber machen sie auch aktiv mit beim Erzählen. Lesen Sie den Kindern die Geschichte im Kreis vor. In die Mitte stellen Sie zuvor ein Kiste mit den verschiedenen Gegenständen, die zum Vertonen geeignet sind. Sie können später auch Gegenstände (Zeitungen, Töpfe, Pfanne, Klingel, Spielzeug usw.) aus dem Gruppenraum oder auch die Türen verwenden.

Verhüllen Sie die Kiste zunächst. Nach dem Vorlesen decken Sie die Kiste auf und lassen die Kinder überlegen, was man mit den Dingen machen könnte. Wir haben bewusst Alltagsgegenstände gewählt. Die Kinder sollen erfahren, dass man nicht nur mit speziellen Musikinstrumenten Geräusche oder Musik erzeugen kann. Weisen Sie darauf hin, dass man auch mit dem Körper Geräusche erzeugen kann. Die Stellen, die vertont werden können, sind hervorgehoben.

Gaby und Jan liegen in ihren Betten und **schlafen tief und fest.** Ihre Eltern sind ausgegangen, deshalb passt heute die Großmutter auf die beiden auf. Sie schläft im Gästezimmer und **schnarcht**, dass sich **die Balken biegen**. Von weitem hört man die **Turmuhr 11 mal schlagen**. Eine **Eule flattert** durch die Nacht. Draußen treffen sich die **Katzen und jammern** ganz laut. Aber Gaby und Jan hören nichts. Sie **schlafen tief und fes**t.

Ein **Auto fährt** vor das Haus. **Leise werden die Türen geschlossen**. Man hört **leises Flüstern und Fluchen**.

Da plötzlich **klingelt** es an der Wohnungstür. **Einmal, dann mehrmals**. Gaby und Jan werden wach. Wer kann das sein? Diebe, Einbrecher?

Sie fürchten sich und beginnen zu **zittern**. Ohne das Licht anzumachen, **springen sie aus den Betten** und tasten sich langsam zur Zimmertür. **„Autsch"** ruft Jan. Er ist gegen einen **Bagger gestoßen**. Leise macht Gaby die Zimmertür auf, die **knarrt** ganz schön. Wieder **klingelt** es. Sie beginnen mit den **Zähnen zu klappern**, weil sie Angst haben, dass der Einbrecher sie hört. Sie **hüpfen** durch den Flur und **öffnen** Omas Schlafzimmertür. Doch die hat noch nichts gehört. Sie liegt laut **schnarchend** im Bett.

Sie beginnen zunächst **ganz vorsichtig** an der Decke zu **ziehen**. Doch die Großmutter reagiert nicht. Jan **schüttelt** die Großmutter. Sie öffnet verschlafen die Augen und fragt: „Mein Gott, was ist denn?" „Oma, Diebe", flüstern die beiden. Die **Großmutter springt** aus dem Bett. Neben sich hat sie ein Pfanne liegen, denn auch sie hat Angst vor Einbrechern. Sie sagt zu den Kindern: „Bleibt hier, ich schaue nach."

Sie **öffnet vorsichtig die Haustür**. Sie erschrickt, denn sie sieht nur einen großen Mann mit einem langen, schwarzen Mantel vor sich. Oma holt mit der Pfanne aus und will auf den Mann einschlagen.

Aber dann sagt eine bekannte Stimme: „Halt! Stop! Nicht schlagen! Wir sind es doch nur." Oma **lässt die Pfanne fallen.**

Eine weitere, sehr bekannte Stimme fragt: „Na, habt ihr heute Abend wieder zu lange fern gesehen? Oder hat Oma euch schon wieder ein Gruselgeschichte erzählt?

Jubelnd laufen Gaby und Jan ihren Eltern in die Arme.

„Wir haben doch nur geklingelt, weil wir unsere Schlüssel vergessen haben", erzählt Papa.

Alle schütteln sich vor Lachen. Angst und Schrecken sind vergessen.

> Tipp von Viktor:
> Hier bietet sich ein Gespräch über Einbrecher und Räuber an:
> Wichtig ist, den Kindern, die Sicherheit zu geben, dass sie nachts geborgen sind. Man sollte ihnen vermitteln, dass ein Einbruch zwar möglich, aber die Wahrscheinlichkeit doch sehr gering ist.

BILDNERISCHES GESTALTEN

Einbrecher

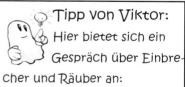
Material und Werkzeug:
Zeichenpapier Din A4,
Wasserfarben, Ton- und
Glanzpapierreste,
Schere, Klebstift

Auf das untere Drittel des Blattes zeichnen die Kinder Dächer und malen sie mit verschiedenen Rottönen aus.

Aus den Papierresten gestalten die Kinder einen Einbrecher und einen Polizisten. Durch die Anordnung der Beine und Arme wird die Bewegung der Figuren dargestellt.

Die Figuren werden auf die gemalten Dächer geklebt. Zur Hintergrundgestaltung bietet sich ein blauer Nachthimmel an.

ERZÄHLEN

Im Traumland

Manchmal wird Jonas in der Nacht noch einmal wach. Er schaut dann aus seinem Fenster. Der Mond scheint ganz hell herein.
Na sowas? Was liegt da für ein Hund in meinem Zimmer? Was ist da für ein Gespenst? Da sitzt jemand auf meinem Stuhl! Vor lauter Angst zieht er sich die Bettdecke über den Kopf. Nach ein paar Sekunden wird er mutig, schlägt die Decke hoch und knipst das Licht an. Der Mann auf dem Stuhl entpuppt sich als sein Pulli und seine Hose. Das Gespenst am Fenster ist eine Blume und der Hund ist ein auf den Boden gefallenes Hemd. „Puuuh! Glück gehabt!"
„Na, hast du dich wieder beruhigt?" Jonas schaut auf die Bettkante. Dort sitzt ein kleines Männchen mit einer roten Mütze. „Wer bist du?" fragt Jonas mutig. „Ich bin der Nachtwichtel. Na, hast du Lust auf ein kleines Abenteuer?"
Neugierig klettert Jonas aus seinem Bett. Seinen Teddy hat er fest an sich gedrückt.

Der Nachtwichtel geht zum Schrank, springt hinein und ist verschwunden. Jonas fasst sich ein Herz, geht in den Schrank und steht plötzlich im Freien. Auf einer Straße, vor einem Haus, das er noch nie gesehen hat. Ganz viele Kinder und kleine Nachtwichtel laufen herum. Sie lachen, springen und tanzen. Jonas ist ganz aufgeregt. Plötzlich steht eine Giraffe vor ihm. „Hast du Lust auf einen Spaziergang?" Der Teddy in Jonas' Arm ruft „Au ja, lass uns gehen." „He, du sprichst ja", ruft Jonas. Der Teddy antwortet nur: „Los, komm schon!" Die Giraffe lässt ihren riesig langen Hals herunter. Daran klettern Jonas und Teddy hinauf, und los geht die Reise.
Sie kommen zu einem Jahrmarkt. Sie springen ab. Der Nachtwichtel drückt den beiden Karten in die Hand.
Teddy und Jonas stürzen sich ins Getümmel. Sie probieren die Schiffsschaukel, die Berg- und Talbahn, das Pferdchenkarussell und den Flipper aus. Sie lachen und quietschen vor Freude. Jonas ist glücklich, dass sein kleiner Teddy bei ihm ist. Sie gehen Pfeile werfen und kaufen sich Lose. Jonas gewinnt dort einen großen braunen Teddy mit einer roten Schleife. Er nimmt ihn freudestrahlend in die Hände.

Der kleine Teddy ist sehr traurig. Er glaubt, Jonas hätte jetzt ein neuen Freund gefunden und würde sich für ihn nicht mehr interessieren. Leise schleicht er sich weg. Jonas sieht sich um und bemerkt, dass sein kleiner Teddy verschwunden ist. „Teddy, komm zurück!" ruft er.
Jonas schlägt die Augen auf. Seine Mutter steht vor ihm. „Hast du den Teddy?" „Da ist er doch." Sie legt ihm seinen kleinen Teddy wieder in den Arm.
Jonas drückt den Teddy ganz fest an sich. Glück gehabt! Das war alles nur geträumt.

 Tipp von Viktor:

Über Freundschaften sprechen:

Der Teddy ist für Jonas nicht einfach austauschbar.

Mit den Kindern sollte besprochen werden, wie man jemandem zeigt, dass man ihn gern hat.

Passendes Spiel:

Ein Kind soll über Gestik und Mimik darstellen, ob es gerade auf einen Freund zugeht oder ob es sein Gegenüber nicht leiden kann. Die anderen Kinder sollen raten.

BILDNERISCHES GESTALTEN

Einschlafbären

Sicher kennen Sie das Problem, dass viele Kinder nicht ohne ihr geliebtes Kuscheltier einschlafen können. Warum ein teures Plüschtier kaufen? Die Kinder können viel einfacher einen Freund oder Aufpasser für die Nacht bekommen.

Nähen Sie mit den Kindern einen Einschlafbären.

Haben Sie keine Angst. Viele Kinder haben großes Interesse am Nähen und zeigen viel Geduld, wenn es darum geht, Fäden einzufädeln und das Tier fertig zu gestalten. Das Nähen stellt an die Kinder eine gewisse motorische Fähigkeit, bzw. soll dies hier besonders geübt werden. Benutzen Sie auf jeden Fall große Sticknadeln. Damit wird das Einfädeln für die Kinder leichter.

Material und Werkzeug:
karierte oder gemusterte Stoffreste, schmale Bänder, Bleistift, Papier, Schere, Stecknadel, Nähnadel, Nähfaden, Füllmaterial

So gehen Sie vor:
- Vorlage auf Papier übertragen und ausschneiden.
- Stoff in der Mitte falten.
- Vorlage auf den Stoff legen, mit Nähnadeln befestigen und ausschneiden Stoff ausschneiden.
- Stecknadeln mit Vorlage entfernen.
- Stoffteile aufeinander legen, Außenseiten nach innen.
- zusammenstecken und aneinandernähen, 5 cm Rand offen lassen.
- Innenseite nach außen drehen.
- Bär mit Füllmaterial ausstopfen, mit dem Bleistift kann man das Füllmaterial in die Ecken stopfen.
- Naht mit Überwindlingstichen vernähen.
- Zum Schluss dem Bären ein Band um den Hals binden.

Fertig!

> **Tipp von Viktor:**
> Was ist ein Überwindlingsstich?
>
> Dieser Stich dürfte für die Kinder am leichtesten sein: Stoffkanten nach innen schlagen. Knoten in ein Ende des Nähfadens und Nadel von hinten nach vorne durch beide Stoffteile führen.
> Nadel wieder über den Stoff nach hinten führen und Stich solange wiederholen, bis die Naht geschlossen ist.

Naht

BILDNERISCHES GESTALTEN

Traumfänger

Traumfänger kommen aus der indianischen Mythologie. Sie sollen alle bösen Träume einfangen. Nur die guten Träume bleiben an den Federn hängen und fallen auf den Träumenden. Die schlechten Träume hingegen bleiben im Netz des Traumfängers hängen, bis sie am Morgen vom Licht der Sonnenstrahlen ausgelöscht werden.

Material und Werkzeug:
Strohhalm, Holzspan oder Pappstreifen,
Klebeband,
Wolle, Perlen,
Knöpfe, Federn

Formt Holzspan oder Pappe zu einem Kreis und klebt die Enden fest.

Webt in diesen runden Rahmen mit einem Wollfaden ein Netz. Knotet dazu erstmal mehrere Fäden von Rand zu Rand.

Dann wickelt ihr wie bei einem Spinnennetz einen Faden spiralförmig von innen nach außen in den Ring hinein. Dabei den Faden immer um die Längsfaden wickeln.

Knotet an den unteren Rand einzelne Fäden mit Perlen, Knöpfen oder Federn. Befestigt am oberen Rand eine Schlaufe zum Aufhängen.

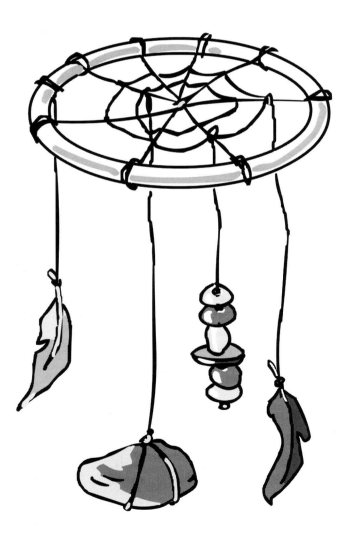

FANTASIEREISE

Lichter in der Stadt

Setz oder leg dich bequem hin! Achte darauf, dass dich nichts drückt oder stört! Atme jetzt etwas tiefer als sonst! Schicke deinen Atem in den ganzen Körper, bis zu den Zehenspitzen!

Jetzt stell dir vor, du machst einen Spaziergang durch die Nacht. Du gehst durch die Straßen einer riesig großen Stadt. **P**

Am Tag ist es dort unheimlich laut, aber jetzt in der Nacht liegt eine große Stille über der Stadt. **P**

Bei deinem Spaziergang fällt dir auf, wie hell es eigentlich in diesen Straßen ist.

Du siehst eine Leuchtreklame, die grün schimmert und immer wieder für ein paar Sekunden aus- und dann wieder angeht. Du bleibst davor stehen und beobachtet, wie sie an- und ausgeht, an- und ausgeht. **P**

Von ganz weit in der Ferne erkennst du ein kleines Licht auf der Straße. Es wird immer heller und kommt immer näher. **P** Es ist ein Auto. Es fährt ganz langsam durch die Straße. **P**

Auf seinem Dach ist eine großes Schild angebracht. Du erkennst, dass es ein Taxi ist. Das Auto rollt ganz langsam an dir vorbei. **P**

Als du ihm nachblickst, fällt dein Blick auf eine riesige Leinwand, die an einem der großen Hochhäuser angebracht ist. **P**

Viele kleine Lichter blinken in unterschiedlichen bunten Farben. Ganz gebannt schaust du auf die bunten Lichter. Es sieht so aus, als bewegten sich die Lichter wie eine Schlange. **P**

Nach einer Weile gehst du weiter. Du kommst an einen Brunnen. Er ist auch in der Nacht gut zu erkennen, weil er von vielen Lichtern angestrahlt ist. **P**

Du setzt dich auf eine Bank und hörst und siehst wie das Wasser plätschert. **P**

Du schaust hoch. Dir fällt auf, dass in einem Hochhaus in jedem Stockwerk noch ein paar Lichter brennen. **P**

Du überlegst, wer in diesen Häusern jetzt mitten in der Nacht noch wach ist. **P**

Was die Menschen dort wohl tun? Ob sie arbeiten? Ob sie feiern? **P**

Du hörst sogar Lachen und leise Musik aus einem der Fenster. **P**

Auf einmal merkst du, wie müde du eigentlich bist und du beschließt, dich auf den Weg nach Hause zu machen. **P**

Auf dem Heimweg blickst du auf einmal in zwei orange leuchtende Katzenaugen. Verwundert denkst du: Eine Katze? Hier in der Stadt? Du gehst näher heran und du erkennst ein abgestelltes Fahrrad an einer Straßenlaterne, dessen Reflektoren an den Speichen leuchten wie Katzenaugen. **P**

Du musst nur noch eine bei einer Ampel die Straße überqueren, dann bist wieder zu Hause angelangt. Die Ampelfarben Rot, Gelb und Grün stechen in der Dunkelheit besonders hervor. **P**

Vor deinem Haus angekommen, geht wie von Zauberhand das Licht an der Haustüre an und du kannst problemlos mit dem Schlüssel die Türe aufsperren. **P**

Du kommst langsam wieder in den Raum zurück. Du reckst und streckst dich. Vielleicht kannst du mit einem Partner austauschen, was du auf diesem Nachtspaziergang gesehen hast. Oder vielleicht möchtest du lieber ein Bild dazu malen?

Tipp von Viktor: Zur Aufbereitung der Reise ein Plakat mit einem skizzierten Hochhaus vorbereiten, in dessen erleuchtete (gelbe) Fenster die Kinder ihre Ideen malen können. S. nächste Seite!

Lichter der Stadt

> **Man braucht**
> je einen Bogen schwarzes
> und weißes Papier
> im Format Din A 3,
> Wasserfarben, Zahnbürste,
> Teesieb

Zeichnet zunächst auf das weiße Papier eine Stadtsilhouette und schneidet sie aus.
Legt Zeitungspapier aus. Darauf legt ihr zunächst den schwarzen Tonkarton und dann die Stadtsilhouette.
Rührt in einem Becher gelbe Farbe an und verdünnt sie mit Wasser.
Taucht die Zahnbürste in die Farbe und ratscht die Borsten über das Teesieb, damit die Farbe spritzt.
Spritzt, bis die Kleckse dicht an dicht liegen, besonders am oberen Rand der Silhouette.
Hebt die Silhouette an und lasst das Bild trocknen.
Danach könnt ihr Fenster in die Häuser, einen Sternenhimmel und den Mond dazu zeichnen.

Batman-City

Eine weitere dekorative Idee für den Gruppenraum, die mit einfachen Mitteln realisiert werden kann, ist die folgende.

> **Material und Werkzeug:**
> Wasserfarben,
> Malpapier DIN A3,
> schwarzes Tonpapier,
> schwarzer Filzstift,
> Schere, Kleber

Die Kinder nehmen ein DIN-A3-Blatt entweder hochkant oder im Querformat. Darauf wird in Streifen ein Abendhimmel gemalt. Von Schwarz auf dem Boden über Dunkelblau, Violett hin zu sattem Rot, schließlich über Hellrot und Orange zu hellem Gelb.
Dabei sollten die Kinder mit wenig Farbe und viel Wasser malen, so dass die Farben ineinander laufen können. Während der Hintergrund trocknet, schneiden die Kinder aus dem gefalteten schwarzen Tonpapier die Silhouetten von Hochhäusern. Diese werden dann auf das bereits gestaltete DIN-A3-Blatt aufgeklebt. Mit einem schwarzen Filzstift können noch fliegende Fledermäuse in den Nachthimmel gemalt werden.

SPIELE

Spiele im Dunkeln
die in der Vorlesenacht oder dem Nachtfest gespielt werden können

Vom Licht erwischt

Für dieses Spiel braucht man Platz und eine Taschenlampe. Einer setzt sich mit der Taschenlampe in die Mitte. Wenn er sagt „Erst mach ich Licht, dann hab ich dich", macht er die Lampe an und hält sie in eine Richtung. Wichtig ist, dass nicht mit dem Arm gefuchtelt werden darf. Derjenige, den er mit dem Strahl erwischt hat, muss als nächster leuchten. Wenn er keinen erwischt hat, muss er es nochmal versuchen. Die anderen Kinder müssen dazu mucksmäuschen still sein, um ihren Platz nicht zu verraten. Sie dürfen sich aber auch nicht verstecken.

Taschenlampendetektiv

Alle Spieler außer dem Detektiv suchen sich Verstecke in dem abgedunkelten Raum. Der Detektiv wartet, bis alle versteckt sind und geht dann mit der Taschenlampe auf Suche. Um ihm etwas zu helfen, geben die anderen Nachtgeräusche von sich. Wer vom Strahl der Lampe erfasst wird, ist gefunden. Der Letzte darf in der nächsten Runde der Detektiv sein.

Geisterbahn

Die Strecke, die die Geisterbahn fahren soll, muss schon im Hellen festgelegt werden. Jeder Mitspieler muss einmal vom Start bis zu Ende mit der Geisterbahn fahren, wenn das Licht aus ist. Alle andern sind Geister und müssen sich gespensterhaft benehmen, raunen, flüstern, pusten, anfassen, krächzen, stöhnen, kichern. Wer gruselt sich da nicht?

Tüten platzen lassen

Wir spannen eine Schnur von Wand zu Wand und befestigen daran aufgeblasene Tüten. Zunächst sehen die Kinder die Tüten. Dann wird der Raum verdunkelt. Die Kinder werden unter die Schnur geführt. Nun hat jedes Kind drei Versuche, um die Tüten durch Zusammenschlagen der Hände zum Platzen zu bringen.

Tasten

Es ist dunkel, alle drehen sich im Kreis und versuchen dann, einen andern zu treffen. Durch Tasten musst du erraten, auf wen du getroffen bist. Der andere darf nur etwas sagen, wenn er erraten wurde, sonst hat er sich verraten.

Deckenmalerei

Man braucht für diese Spiel Dunkelheit und eine Taschenlampe. Alle Spieler legen sich mit dem Rücken auf den Boden. Einer malt mit dem Strahl der Taschenlampe etwas an die Decke. Das kann eine Form oder eine Zahl sein, die anderen müssen erraten, was gemalt wurde. Wer es erraten hat, darf als Nächster malen.

ERZÄHLEN

Die Königin der Nacht

Tanja mag ihren Opa ganz besonders gern. Er wohnt ganz in Tanjas Nähe. Opa arbeitet aber am liebsten den ganzen Tag in seinem Garten. Dort hat er auch ein riesiges Gewächshaus. Am Morgen läuft Tanja in den Garten. Sie hat Opa in den letzten Tagen gar nicht gesehen. Er sitzt die ganze Zeit in seinem Gewächshaus, obwohl es doch so schönes Wetter ist. Also besucht Tanja ihn dort.

Opa hat es sich im Gewächshaus richtig gemütlich gemacht. Er hat sich einen bequemen Sessel aufgestellt. Auf einem Tisch daneben stehen Getränke und etwas zu essen. Als Tanja hereinkommt, sieht Opa etwas verschlafen aus. Deshalb fragt ihn Tanja verwundert: „Hast du hier übernachtet?" Opa grinst: „Ja , kleiner Schlaumeier." „Aber warum machst du das?" fragt Tanja, die einfach nicht verstehen kann, warum man jetzt noch nachts auf die Blumen aufpassen muss.

Opa zeigt auf eine Pflanze auf einem Tisch. Tanja geht näher heran. Sie kann nichts besonders entdecken. Dort steht eine Blume, etwa 30 cm lang mit einer gelblich-weißen Farbe. Die Stiele haben kleine winzige Stacheln. „Ja und? Da ist eine Blume. Ist sie krank? Musst du sie pflegen?" Opa lacht: „Nein, das ist die Königin der Nacht." „Wer ist das? Eine Königin?" Nein, das weiß Tanja besser. Eine Königin hat ein langes Kleid an und trägt eine Krone. Aber das hier ist eine Blume. Opa erklärt ihr, dass die Blume ein Kaktus ist und sie so heißt, weil sie nur in der Nacht ihre Blüte öffnet. „Und stell dir vor", erklärt Opa weiter, „sie öffnet ihre Blüte nur für eine Nacht und dann verwelkt sie. „Ah", Tanja kapiert endlich: „Und deshalb bleibst du hier, damit du sehen kannst, wie sie blüht." Opa ist inzwischen aufgestanden und hat angefangen, die anderen Blumen zu gießen. Tanja hilft ihm. Nach einer Weile fragt sie: „Opa, kann ich heute Nacht hier bleiben und zuschauen, wie die Blüte aufgeht?" „Wenn du möchtest, frag nur noch schnell deine Mutter, ob sie es erlaubt." Aufgeregt läuft sie nach Hause und erzählt ihrer Mutter von der Königin der Nacht. „Wenn du möchtest, pack mal deine Sachen und vergess nicht, einen Fotoapparat einzupacken, dann kannst du die Blüte immer wieder ansehen." Tanja springt auf und ruft noch „Das ist eine tolle Idee Mama." Sie läuft in ihr Zimmer, holt die Kamera und flitzt zu Opa und der Königin der Nacht.

Am Abend haben es sich die beiden auf zwei Sesseln gemütlich gemacht. Opa ist nicht nur Gärtner, sondern auch ein toller Geschichtenerzähler, Tanja hört ihm ganz gebannt zu. Sie hatte sich zwar fest vorgenommen nicht einzuschlafen, aber auf einmal wird sie doch müde und schläft ein.

In der Nacht wird sie durch ein vorsichtiges Tippen auf ihre Schulter geweckt. „Schau, es ist so weit", sagt Opa. Und tatsächlich, die Königin der Nacht ist aufgeblüht, Tanja hat noch nie eine so schöne und große Blüte gesehen. Sie ist weiß mit einem zarten gelben Schimmer. Ganz fasziniert schauen die beiden die Blüte an. „Schnell, wir müssen noch ein Foto machen als Erinnerung", sagt Tanja. Klick, klick.

Info von Viktor:

Die Königin der Nacht ist ein Kaktus und kommt aus Südamerika. Sie blüht nur für eine Nacht einmal im Jahr, wenn man sie zu Hause hält.
In der freien Natur wird die Blüte von Nachttieren wie den Schmetterlingen oder Fledermäusen besucht, die Pollen und Nektar sammeln.
Damit die Tiere die Nachtpflanzen finden, sind die Blüten groß, haben helle Farbe und duften sehr stark.

BILDNERISCHES GESTALTEN

Königin der Nacht

Material:
ein Miniblumentopf Ø 5 cm,
Blumensteckmasse,
grüner Pfeifenputzerdraht,
gelbes und weißes
Krepppapier,
Blumendraht

So geht's:

Blumensteckmasse in den Topf einpassen. Zwei 15 cm lange Stücke Pfeifenputzerdraht abschneiden und in die Mitte der Steckmasse einstecken.
Je eine 30 cm lange und 6 cm breite Krepppapierbahn ausschneiden. Die weiße auf die gelbe Bahn legen und zu einer Blüte rollen, am unteren Ende mit Blumendraht stabilisieren und an dem Pfeifenputzerdraht befestigen.
Das Krepppapier kann zunächst auch oben zusammen gedreht werden. Dann sieht es wie eine geschlossenen Blüte aus. Für einen aufgegangen Blüte wird das Krepppapier nach außen gezupft.

REZEPTE

Kochen mit Nachtschattengewächsen

Gefüllte Tomaten

Zutaten:
2 Brötchen
125 l Milch
1 kleine Zwiebel
40 g Fett
Salz, Paprika, geriebener Käse,
Petersilie, Schnittlauch
8 große Tomaten

Zubereitung:
Brötchen sehr klein schneiden und mit Milch begießen, Zwiebeln schälen und in feine Würfel schneiden. Fett erhitzen, Zwiebel andünsten, aufgeweichte Brötchen mit der Milch dazugeben und unter Rühren dünsten. Salz, Paprika, Käse und zerkleinerte Kräuter darunter rühren. Tomaten waschen, abtrocknen, Deckel abschneiden aushöhlen und mit Salz ausstreuen. Etwas von dem ausgehöhlten Tomatenmark in die Füllung rühren. Füllung in die Tomaten drücken Deckel aufsetzen. Im vorgeheizten Backofen bei 225°C 20 - 25 Minuten überbacken.

> **Info von Viktor, dem Schlossgespenst:**
>
> Nachtschattengewächse sind Pflanzen, die meist in den Tropen vorkommen. Viele Pflanzen enthalten ein Gift wie z.B. Tollkirsche und Stechapfel. Die wichtigsten Nachtschattengewächse, die auch bei uns vorkommen, enthalten keine Gifte und werden sehr viel genutzt. Es sind dies Tomate, Paprika und Kartoffel.

Paprika-Tomatensalat

Zutaten:

250 g grüne Paprikaschoten
375 g Tomaten
1 Zwiebel
Essigmarinade
Schnittlauch

So geht´s:

Paprika halbieren, Kerne entfernen, Paprika waschen, in Streifen schneiden, Tomaten überbrühen, abschrecken, in Scheiben schneiden, Zwiebel schälen und in Würfel schneiden.
Mit Marinade vermischen und mit zerkleinertem Schnittlauchabschmecken.

Tomaten-Cocktail

Zutaten:

5 - 6 Tomaten
4 El süße Sahne
Saft von 1 Orange
Je eine Prise Salz, Zucker, Paprika und Pfeffer

So geht´s:

Tomaten waschen, überbrühen, abschrecken, abziehen, kleinschneiden und pürieren.
Mit Sahne, Orangensaft, Salz, Zucker und Gewürzen verrühren und kalt servieren.

Pellkartoffeln mit Quark

Zutaten für 2 Personen

500 g kleine neue Kartoffeln
½ Tl Kümmel
250 g Quark
60 ml Milch
1 kleine Zwiebel
Salz, Pfeffer
Paprika
1 Bund Schnittlauch

Zubereitung:

Kartoffeln waschen und mit Kümmel 20 Minuten garen.
Quark mit Milch cremig rühren.
Zwiebeln schälen und in Würfel schneiden.
Quark mit Salz, Pfeffer, Paprika abschmecken.
Schnittlauch waschen und in Röllchen schneiden.

Kartoffelpuffer mit Apfelkompott

Zutaten:

2 Pellkartoffeln
2 kg rohe Kartoffeln
1 große Zwiebel
Salz
3 Eier
3 El Paniermehl
Fett zum Backen
500 g Äpfel
¼ l Apfelsaft
4 EL Zucker
1 Zimtstange
1 Stück Zitronenschale

Zubereitung:

Kartoffeln pellen, rohe Kartoffeln und Zwiebel schälen.
Zuerst gekochte dann rohe Kartoffeln und Zwiebel reiben. Mit Salz, Eiern und Paniermehl vermengen.
Fett erhitzen.
Puffer von 2 - 3 EL Teig darin von beiden Seiten goldbraun backen.
Äpfel schälen und in Stücke schneiden.
Zucker karamellisieren lassen, mit Apfelsaft ablöschen, Zimtstange und Zitronen schneiden und Äpfel dazu geben.
5 - 10 Minuten weich kochen und Zitronenschale und Zimtstange herausnehmen.

Paprikaschiffchen mit Frischkäse

Zutaten für 30 Stück:

5 rote Paprikaschoten
1 Bund Schnittlauch
400 g Doppelrahm-Frischkäse
3 El Zitronensaft
200 g Sahne
2 Knoblauchzehen
Salz, Pfeffer
100 g Mandelblättchen

Zubereitung:

Paprikaschoten waschen und halbieren. Kerngehäuse entfernen. Jede Schotenhälfte längs in 3 Teile schneiden. Schnittlauch waschen und in längere Stücke schneiden.
Frischkäse in der Schüssel mit dem Zitronensaft verrühren. Sahne steif schlagen und dazugeben.
Knoblauch schälen und durch die Knoblauchpresse auf den Frischkäse drücken. Alles gut verrühren und mit Salz und Pfeffer würzen.
Creme mit einem Spritzbeutel auf die Paprika spritzen. Mandeln rösten und über die Paprika verteilen. Mit dem Schnittlauch garnieren.

FEIERN

Gespenster-Vorlesenacht

Wenn die Abende wieder länger werden und die Kinder nicht mehr so lange draußen spielen können, hören sie abends besonders gerne Geschichten.

Warum deshalb nicht einmal eine Vorlesenacht veranstalten. Besonderen Spaß dürfte es den Kindern machen, wenn sich daran noch eine Übernachtung in ihrer Einrichtung anschließt.

Bei der Planung einer solchen Nacht wäre es schön, wenn Sie jemanden finden könnten, der Geschichten vorlesen kann. Oft gibt es Menschen, die das Vorlesen professionell betreiben. Vielleicht findet sich auch ein/e MitarbeiterInnen ihrer Einrichtung oder ein Elternteil, das den Kindern vorliest. Dazu wäre es schön, wenn diese Person sich verkleiden und in die Rolle der Lesehexe oder des Lesezauberers schlüpfen könnte.

Besonders anheimelig wird die Atmosphäre, wenn Sie das Licht löschen und nur noch Kerzen brennen lassen. Die Lesehexe sitzt auf einem Sessel, und die Kinder können sich entspannt davor auf den Boden setzen und ihr lauschen. Wir haben hier das Thema Gespenster gewählt, weil den Kindern das Schlossgespenst Viktor während des Projektes ein Begleiter war.

Neben Spielen im Dunkeln könnte hier auch die Erzählkiste zum Einsatz kommen.

Deko:

Den Raum können Sie, wie es sich für eine richtige Gespensterburg gehört, mit weißen Tüchern verhängen. Aus Tonpapier ausgeschnittene Uhren, die die Geisterstunde anzeigen, und schwarze Fledermäuse tun ein Übriges für die Atmosphäre. Sicherlich finden Sie auch sonst bei unseren Bastelideen noch zahlreiche Alternativen.

Kostüme:

Toll ist auch, wenn die Kinder verkleidet kommen oder sie die Möglichkeiten haben, sich zu verkleiden oder sich zu schminken, um als echte Gespenster oder Geister ihr Unwesen zu treiben. Gespenster sind ganz schnell aus weißen Bettlaken gezaubert.

Büchertipps:

- *Preußler, Ottfried:*
Das kleine Gespenst
- *Sommer-Bodenburg, A.:*
Der kleine Vampir
- *Preuß, G. / Scharff-Kniemeyer, M.:*
Die Gespensterfalle und andere Gespenstergeschichten
- *Uebe, I.:*
Martin und sein Nachtgespenst
- *Uebe, I.:*
Leselöwen Spukgeschichten
- *Uebe, I. / Tollmien, C. / Janausch, D.:*
Gruselgeschichten
- *Kaup, U.:*
Vampirgeschichten

 Tipp von Viktor, dem Schlossgespenst:

Neben der Gespensternacht bieten sich auch noch andere Themen für eine Vorlesenacht an: „Nacht der Piraten", „Vorsicht, Gauner und Trickser" oder „Im Märchenland"

FEIERN / REZEPTE

Kochen für die Gespensternacht

Blut-Bowle

1 l Johannisbeersaft mit dem Saft von 3 Zitronen und 100 g Zucker mischen. Kurz vor dem Servieren 1 l Mineralwasser und Eiswürfel dazugeben.

Gespenster-Wackelpudding

Zutaten für 12 Gespenster:
2 Flaschen Apfelsaft,
3 Zitronen
600 g Zucker,
24 Blatt Gelatine (grüne oder weiße mit grüner Speisefarbe)

Zubereitung:
In einem großen Topf 2 Flaschen Apfelsaft erhitzen.
Dazu Zucker und etwas abgeriebene Zitronenschale und den Saft der Zitronen mischen.
Gelatine in kaltem Wasser quellen lassen, ausdrücken und zum Apfelsaft rühren. Eine Glasschale mit kaltem Wasser ausspülen. Da hinein den Pudding geben und im Kühlschrank erkalten lassen und später stürzen.

Kichererbsensalat

Zutaten für 8 - 10 Gespenster:
500 g Kichererbsen
4 Tomaten
3 Zwiebeln
1 Glas eingelegte rote Paprikaschoten

Für die Soße:
2 TL Salz
½ TL Pfeffer
1 TL Senf
1 TL Thymian
3 EL Essig
9 EL Öl
etwas Knoblauch

Zubereitung:
Kichererbsen über Nacht in Wasser einweichen.
Am nächsten Tag 1 Stunde in Wasser weichkochen.
Auf ein Sieb gießen und etwas abspülen.
Aus den Zutaten die Soße bereiten und kräftig schlagen und über die noch warmen Kichererbsen gießen.
Zwiebeln schälen und würfeln, Tomaten und Paprika in Stücke schneiden und zum Salat geben.

Giftige Fliegenpilze

Zutaten:
500 g Mehl
250 g Butter
200 g Zucker
2 Eier
1 Prise Salz
Hagelzucker
125 g Puderzucker

Zubereitung:
Mehl in eine Schale schütten.
In die Mitte ein Vertiefung drücken. Eier, Zucker und Salz hineingeben. Auf dem Mehlrand die Butter in Stücken verteilen, dann durchkneten. Den Teig ½ Stunde ruhen lassen. Teig ½ cm dick ausrollen, Fliegenpilze ausschneiden und auf ein Blech legen. Bei 220°C 15 - 20 Minuten backen. Für den Zuckerguss 125 g Puderzucker mit Kirschsaft mischen und Hagelzucker darüberstreuen.

ERZÄHLEN

Nachtschwärmerin Luzie

Hannas Katze Luzie liegt auf der Couch. „Oh Mann, wach doch endlich auf. Den ganzen Tag schläfst du!" Luzie rührt sich nicht. Auch nicht als Hanna sie sanft am Schwanz zieht. Im Gegenteil: Luzie rollt sich noch enger zusammen und schläft weiter. „Die will nie mit mir spielen", meint Hanna. Dabei macht es so viel Spaß, wenn Luzie dem Wollknäuel hinterherjagt. „Katzen spielen eben nicht auf Kommando", will Mama sie trösten. Am Abend legt sich Luzie neben Hanna ins Bett.

Aber mitten in der Nacht wird Luzie wach. Sie reckt und streckt sich, springt auf den Boden und verlässt das Kinderzimmer. Sie kann auch im Dunkeln gut sehen. Das Fenster steht offen. Sie verschwindet nach draußen. Der Garten ist ihr Revier. Da kennt sie sich aus. Einen Moment bleibt sie stehen und horcht, ob noch jemand da ist. Lautlos schleicht sie durch die Gemüsebeete. Plötzlich bleibt sie stehen. War da was? Hat es da geraschelt? Luzie lauscht angestrengt. Alles still. War wohl doch nichts.

Luzie verschwindet trotzdem durch den Geheimgang. Schnell will sie über die Straße. Aber in Sekundenschnelle sieht sie helles Scheinwerferlicht vor sich. In wenigen Sprüngen ist sie auf der anderen Straßenseite. Glück gehabt!

Luzies Herz klopft. Sie hat keine Ruhe, denn ganz plötzlich hört sie einen lauten Schrei direkt über ihrem Ohr. Sie duckt sich. Eine Eule flattert über ihren Kopf. Luzie macht schnell, dass sie wegkommt und ruht sich auf einer Waldlichtung aus.

So langsam spürt sie Hunger. Sie spaziert durch den Wald. Irgendwo gibt's doch bestimmt ein paar Mäuse. Es raschelt hinter dem Gebüsch. Aber eine Maus? Nein, das ist keine Maus. Das muss ein viel größeres Tier sein. Luzie klettert schnell einen Baum hoch. Ein Fuchs ist es. Er steht jetzt genau unter dem Baum und schaut zu ihr herauf. Schließlich macht er sich davon, denn auf Bäume klettern kann er nicht.

Jetzt will Luzie aber endlich eine Maus erwischen. Sie legt sich in einem Kornfeld auf die Lauer und wartet. Sie wartet, bis ein Maus ganz nahe kommt, schnappt zu und verputzt die Maus genüsslich.

Jetzt ist erstmal Waschen angesagt, und dann ist es auch schon bald Zeit für das Treffen mit den anderen Nachtschwärmern.

Hinter einer hohen Mauer in einem großen Hof treffen sich die Katzen der Gegend. Sie sitzen eng zusammen, erzählen sich von den Erlebnissen der Nacht und warten, dass es Morgen wird. Es wird immer heller. Eine Katze nach der anderen steht auf und geht. Bis zur Gartenmauer laufen Luzie und eine gelbe Katze zusammen, dann verschwindet die gelbe Katze auf die andere Seite. Luzie blickt ihr nach und trottet nach Hause.

Als Hanna aufwacht, liegt Luzie wieder auf der Couch. „Mama, die schläft ja immer noch", ruft Luzie.

Sie ahnt nichts von den Abenteuern, die Luzie in der Nacht erlebt hat.

SPIEL

Spiel zur Geschichte „Nachtschwärmerin Luzie":

Lege die Bildkarten in die richtige Reihenfolge!

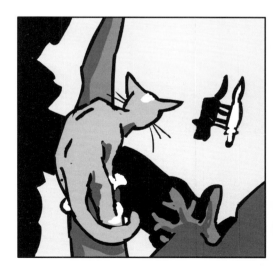

PSYCHOMOTORIK

Luzie, die Katze

Psychomotorikgeschichte oder Gedicht zu Luzie

Luzie rollt sich auf die Couch,
dort gähnt und schon schläft sie auch.
Kommt die Hanna in den Raum,
die Luzie, die bemerkt es kaum.
Sie schläft den ganzen langen Tag
und wacht erst auf, wenn es ist Nacht.
Luzie stellt die Ohren auf
und räkelt sich die Beine aus.
Huch, ich glaub, jetzt hört sie was:
Die Mäuse draußen machen Spaß.
Luzie schleicht auf leisen Sohlen
in den Garten Mäuse holen.
Da vorne, da ist eine Maus,
huch, die Eule sah sie auch.
Nun geht die Luzie in den Wald
und hofft, sie findet Mäuse bald.
Doch im Wald, da ist ein Fuchs.
Luzie macht jetzt keinen Mucks.
Der Fuchs geht heim in seinen Bau.
Jetzt legt sich Luzie - immer schlau -
vor einem Mäuseloch auf Lauer.
Und, oh nein, da kommt ein Regenschauer.
Jetzt ist unsere Luzie nass,
da macht das Jagen keinen Spass.
Luzie muss sich nun schön machen,
sonst hat sie bei den andren nichts zu lachen.
Die anderen Katzen treffen sich
im Garten unter einem Tisch.
Sie reden übers Mäusejagen.
Doch unserer Luzie knurrt der Magen.
Da geht sie heim an ihren Napf.
Dort frisst sie sich so richtig satt.
Dann rollt sie sich in Hannas Bett
und schläft dort ein und träumt auch nett.

BILDNERISCHES GESTALTEN

In der Nacht sind alle Katzen grau

Material und Werkzeug:
weißes Zeichenpapier
DIN A3,
schwarze Wasserfarbe
und Deckweiß,
Schere, Klebstoff,
schwarzes Tonpapier

So geht's:
Nachdem die Merkmale von Katzen mit den Kindern besprochen wurden, sollen sie möglichst groß einen Katzenkörper auf dem weißen Papier zeichnen.
Mit einem hellen Grauton wird der gesamte Katzenkörper ausgemalt, die Fellstrukturen erreicht man durch das Aufbringen mehrerer unterschiedlichen Grautöne. Zum Schluss müssen noch die Augen, Nase und Schnurrhaare gestaltet werden.
Alle grauen Katzen werden ausgeschnitten und zur Präsentation auf schwarzes Tonpapier geklebt.

FINGERSPIELE

Zehn kleine Mäusekinder
Fingerspiel zum Einschlafen

Zehn kleine Mäuskinder lauern im Versteck.
Zehn kleine Mäusekinder werden plötzlich keck.
Eins, zwei, drei und vier und fünf,
sie kommen ohne Schuh und Strümpf.
Sechs, sieben, acht, nun ist es fast schon Nacht.
Und zum Schluss die Neun und Zehn,
es wird Zeit zum Schlafengehn.
Da kommt die Katze, welch ein Schreck!
Und alle Mäuschen laufen weg.

Versteckt die Hände unter der Bettdecke. Ein Finger nach dem andern kommt hervor, bis alle zehn unter der Decke hervorschauen. Plötzlich laufen alle zu dem Kind und krabbeln an seinen Schlafanzug.

Zippel, zappel Noch ein Fingerspiel zum Einschlafen

Zippel, zappel, Fingerlein
wollen gar nicht stille sein.
Zappeln hin und zappeln her
und geben keine Ruhe mehr.
Fingerlein, jetzt aber still,
weil ich euch was sagen will.
Nochmal hin, nochmal her,
doch jetzt gibt's kein Gezappel mehr.

BILDNERISCHES GESTALTEN

Mobile der Nachttiere

Die Tiere der Nacht können Sie den Kindern wieder ins Gedächtnis rufen, wenn Sie daraus ein Mobile herstellen.

So geht's:

Ein Reifen aus Holz oder Metall wird mit Krepppapier umwickelt.

Für jedes Tier einen Faden an den Reif knoten.

Vorlagen werden hergestellt, auf Tonpapier übertragen und ausgeschnitten. Dann mit einer Nadel Löcher in die Tonpapierfiguren drücken.

Schließlich die Tiere an den Fäden befestigen.

> Tipp von Viktor:
> Die Vorlagen können einfach nur ausgeschnitten werden und dienen dann als Fensterschmuck oder können auch für die Vorlesenacht an der Wand befestigt werden.

SPIEL

Sucht die Tiere in der Nacht!

Herstellung des Spiels

Bevor dieses Spiel gespielt werden kann, müssen einige Vorbereitungen getroffen werden:
Der Spielplan (s. Seite 71) muss kopiert werden, am besten auf DIN-A3-Größe. Die Kinder können den Plan anmalen. Zur besseren Haltbarkeit des Spiels empfiehlt es sich, dass Sie den Plan laminieren. Stellen Sie die Spielfiguren bereit. Es können 2 - 6 Kinder mitspielen. Schneiden Sie die Suchkarten aus (am besten auch laminieren). Desweiteren müssen die Ratebäume vorbereitet werden. Dazu fertigen Sie Vorlagen für die Bäume an, übertragen sie auf grünen Tonkarton und schneiden sie aus. Tierkreise ausschneiden. Die Laschen gelten als Befestigungshilfe.

Spielvorbereitung:

Die Spieler stellen ihre Spielfiguren am Start auf. Die Suchkarten werden gemischt und verdeckt auf die Waldlichtung gelegt. Die Ratebäume werden auf die Zweige gestellt. Der Jüngste darf anfangen.

Spielregeln:

Die oberste Suchkarte auf der Waldlichtung wird aufgedeckt. Das darauf abgebildete Tier müssen die Kinder nun unter den Bäumen finden. Die Spieler würfeln und rücken entsprechend ihrer Punktzahl vor. Wenn sie auf ein Zweigfeld kommen, dürfen sie den danebenstehenden Baum anschauen (nur sie!!!) und wieder hinstellen. Die Kinder müssen sich gut merken, wo die einzelnen Tiere sich verstecken. Wer weiß, wo das gesuchte Tier steht, rennt zur Waldlichtung. Wenn er dort angekommen ist, dreht er den Baum um und zeigt den anderen das Versteck. Wenn es mit der Suchkarte übereinstimmt, bekommt er die Suchkarte und geht wieder an den Start. Die anderen Mitspieler können von ihren Plätzen aus weitermachen. Eine neue Suchkarte wird umgedreht.

Gewinner ist, wer die meisten Suchkarten hat.

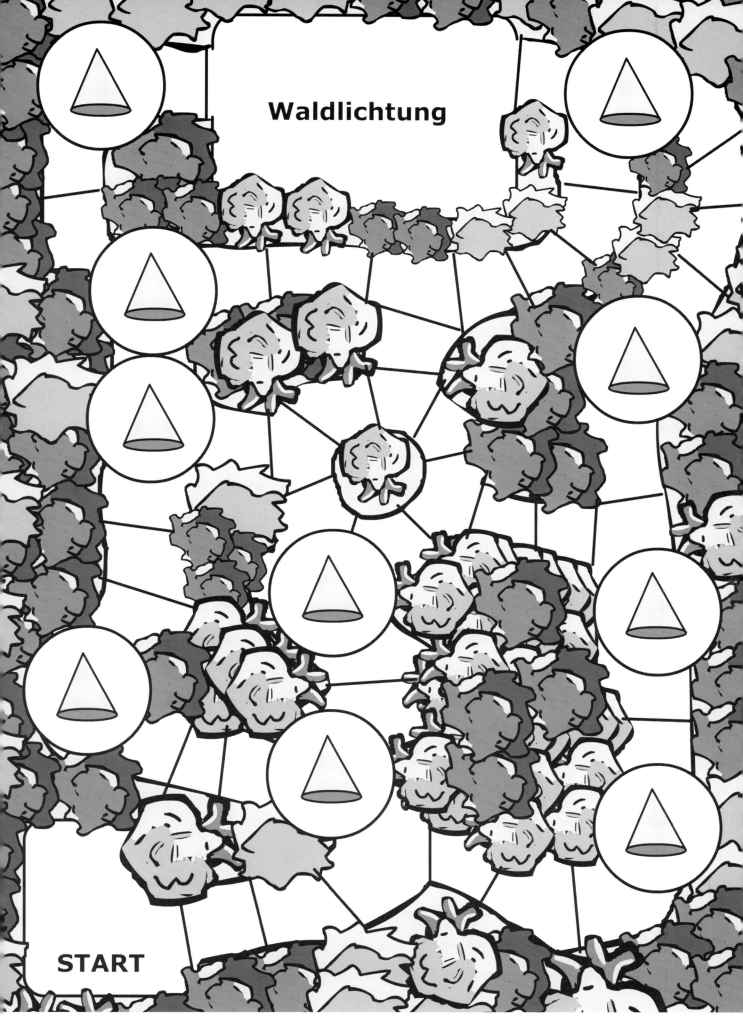

RÄTSEL

Wer bin ich?
Semantische Rätsel zu den Tieren der Nacht

Ich bin kein Mensch.

Ich habe vier Beine. Ich jage gerne nachts.

Ich habe Fell und Krallen, die ich einziehen kann.

Ich liege gerne auf der Couch und kuschle mich an Menschen.

(Katze)

Ich bin ein Tier.

Ich werde abends munter und gehe jagen.

Ich schlafe den Winter immer durch.

Ich habe ein ganz stacheliges Fell.

Ich kann mich zu einer Kugel zusammenrollen, wenn ich angegriffen werde.

Mein größter Feind ist der Mensch und seine Autos.

(Igel)

Ich bin ein Tier.

Ich habe zwei Flügel.

Ich kann nachts sehr gut sehen und hören.

Ich kann meinen Kopf ganz weit nach rechts und links drehen.

Man sagt, ich sei sehr klug und weise.

(Eule)

Ich bin kein Mensch.

Ich habe zwei Flügel.

Ich bin aber kein Vogel.

Ich kann sehr gut hören; das hilft mir, wenn ich nachts fliege und Mücken jage.

Ich hänge mich zum Schlafen kopfüber an die Decke.

(Fledermaus)

ROLLENSPIEL

Eule Eulalia weiß Rat

Bühne:
Die Bühne ist dreigeteilt. Für die jeweilige Szene sollte immer der passende Teil der Bühne angestrahlt werden. Der gesamte Boden der Bühne ist mit echtem Laub bedeckt. Der linke Teil der Bühne ist das Igelversteck. Hier können grüne Tücher aufgehängt werden und Blättergirlanden die Tücher schmücken. Auf der rechten Seite der Bühne ist der Fuchsbau. Hier könnten braune Tücher hängen, die ebenfalls mit Blättergirlanden versehen sind.
Der Wald bildet die Mitte der Bühne. Von der Decke hängen Bäume herunter. Diese werden in verschiedenen Grüntönen aus Tonpapier ausgeschnitten und an Seilen befestigt. Szenen in der Waldlichtung werden auf der Mitte der Bühne gespielt, allerdings ein Stück nach vorne gerückt und idealerweise von oben beleuchtet.

Mitspieler:
Erzähler
Papa und Mama Igel,
drei Igelkinder,
Papa und Mama Fuchs,
drei Fuchskinder,
Eule,
acht Fledermäuse

Kostüme:
Grundidee bei allen Kostüme ist ein Umhang.
Eule Eulalia:
Sie trägt graue Kleidung und hat einen grauen Umhang. Dazu trägt sie eine Halbmaske im Gesicht, Augen werden ausgeschnitten und die Maske mit grauen Federn beklebt.
Die Füchse
tragen rote Kleidung und einen roten Umhang. Auf dem Kopf tragen sie einen Haarreifen. Darauf sind zwei Ohren aus Tonpapier aufgeklebt. Ein Schwanz aus mehreren Krepppapierstreifen komplettiert ihr Kostüm.
Die Igel
tragen braune Kleidung und einen braunen Umhang. Ihnen werden die Nasen schwarz angemalt. Die Stacheln werden durch schwarze Krepppapierstreifen auf dem Umhang dargestellt.
Die Fledermäuse
tragen schwarze Kleidung und schwarze Umhänge. Sie wirken, besonders beim Flattern der Arme, schöner, wenn die Innenseiten mit silbernem Stoff ausgekleidet sind. Sie tragen schwarze Halbmasken. Dazu werden die Augen ausgeschnitten und mit schwarzen und grauen Federn beklebt.

Umhänge:
Man braucht ein Stoffstück der Maße 160 x 80 cm. Dieses wird zu einem Quadrat gefaltet. Oben wird die Halsöffnung ausgeschnitten und unten die Ecken rund zugeschnitten. Schneiden Sie Zacken in die Unterseite. Zwei schmale Stoffstücke werden ausgeschnitten. Diese Bänder werden oben links und rechts an die Halsöffnung genäht. Schneiden Sie zwei schmale, lange Streifen aus Stoff zu und nähen Sie sie als Schlaufen für die Handgelenke seitlich an den Umhang.

1. Akt
1. Szene: Im Igelversteck

Erzähler: Abends im Haus der Familie Igel. Die Sonne geht gerade unter. Die Familie wacht auf und reckt und streckt sich.

Papa Igel Oh, so ein schöner Abend! Gerade richtig, um jagen zu gehen!

Mama Igel Kommt, Kinder! Fertig machen! Wir gehen in den Wald.

Igel Ingo Oh, ich bin noch so müde!

Igel Iris Kleiner Faulpelz, steh auf, sonst verpetze ich dich!

Igel Isidor Ja, und ich mach mit, weil du sonst die ganze Nacht verschläfst.

Papa Igel Na, na, kein Streit. Kommt, wir gehen.

2. Szene: Im Fuchsbau

Bett, darin liegt Franzi

Erzähler Auch im Fuchsbau ist jetzt Leben. Alle sind schon wach, außer Franzi der Jüngsten.

Papa Fuchs Oh, so ein schöner Abend! Gerade richtig, um jagen zu gehen.

Mama Fuchs Kommt Kinder! Fertig machen! Wir gehen in den Wald

Fuchs Franzi Oh, ich bin noch so müde!

Fuchs Felix Kleine Schlafmütze, steh auf, sonst kitzle ich dich.

Fuchs Frederik Ja, und ich mach mit, weil du sonst die ganze Nacht verschläfst.

3. Szene: Im Wald

Erzähler Familie Igel und Familie Fuchs treffen sich im Wald. Die beiden Familien verstehen sich nicht besonders gut.

Papa Fuchs Ah, Familie Igel ist auch unterwegs.

Papa Igel Kinder gebt acht vor den Füchsen. Sie führen oft was im Schilde.

Mama Fuchs Kinder, passt auf, dass ihr nicht auf sie tretet. Ihre Stacheln tun höllisch weh.

Mama Igel Die sind ja nur neidisch. Geht ihnen aus dem Weg!

Erzähler Die Familien gehen getrennt auf die Jagd. Sie vereinbaren mit ihren Kindern, sich wieder zu treffen, wenn der Mond am höchsten steht.

Mond (weiß, aus Styropor) hängt an einem Seil und ist an einem Haken befestigt.
Am Seil kann gezogen werden.
Vorhang

---

2. Akt
1. Szene: Im Wald

Erzähler Zufällig treffen sich die Jüngsten, Igel Ingo und die Füchsin Franzi, der beiden Familien im Wald.

Igel Ingo Hallo, Franzi.

Füchsin Franzi Hallo Ingo, sollen wir nicht zusammen gehen. Ich fürchte mich allein im Wald.

Igel Ingo Klar, gerne. Zu zweit macht Jagen auch viel mehr Spaß.

Erzähler Die beiden gehen gemeinsam zu einer Waldlichtung. Dort treffen sie die Fledermäuse. Sie feiern heute ein Fest. Ingo und Franzi bleiben stehen und schauen sich den Tanz an.

Tanz der Fledermäuse
Fledermäuse stellen sich in den Kreis.
Gehen 8 Schritte im Kreis nach rechts.
Dann drehen sie sich um sich selbst und gehen wieder 8 Schritte zurück.
Sie knien sich und springen hoch, dann wieder 8 Schritte im Kreis, drehen sich um sich selbst und gehen wieder 8 Schritte in die andere Richtung.
Dann gehen sie 4 Schritte in die Kreismitte und wieder 4 Schritte zurück, dann nochmal 8 Schritte im Kreis nach rechts.
Drehen sich um sich selbst und wieder 8 Schritte nach links.
Dann bilden sie zwei Kreise aus vier Fledermäusen.
Fassen sich an den Händen und gehen vier Schritte nach rechts und vier Schritte nach links.
Die Kreise werden aufgelöst. Die Fledermäuse stehen in 2 Reihen hintereinander.
Die vordere Gruppe geht 8 Schritte nach rechts, die hintere Gruppe geht 8 Schritte nach links.
Sie bilden wieder einen großen Kreis und knien sich zum Abschluss auf den Boden.
Während der ganzen Zeit flattern die Fledermäuse mit ihren Armen.
Während des Tanzes wird der Mond hochgezogen.

2. Szene: Im Wald

Die Familien treffen sich wieder im Wald, schauen auf den Mond, sehen sich um und suchen die Jüngsten. Auf einem Baum sitzt die Eule Eulalia.

Mama Igel	Wo bleibt unser Ingo nur?
Mama Fuchs	Hoffentlich ist Franzi nichts passiert!
Igel Isidor und Iris	*rufen nach Ingo.*
Füchse Frederik und Felix	*rufen nach Franzi.*
Erzähler	Die Eule hat die Suche nach den beiden die ganze Zeit beobachtet. Deshalb fragen die Väter nach Rat.
Papa Igel	Eulalia, hast du nicht unser Kind gesehen?
Papa Fuchs	Eulalia, hast du nicht unser Kind gesehen?
Eulalia	Jetzt wird es Zeit, dass ihr euren Streit begrabt und euch gemeinsam auf die Suche macht. Schaut doch mal auf der Lichtung nach. Die Fledermäuse feiern dort ein Fest.

Alle gehen zur Lichtung. Dort finden sie die beiden. Alle umarmen sich.
Vor lauter Freude tanzen sie alle zusammen.

SINNESPARCOURS

Riechen, hören, fühlen wie die Tiere in der Nacht

Tipp von Viktor: Um den Kindern den thematischen Übergang zu erleichtern, könnten Sie diesen Sinnesparcours einrichten, der auf dem Erleben der Tiere in der Nacht aufgebaut ist. Dieser Parcours könnte auch an einer Nachtfeier oder Vorlesenacht den Eltern vorgestellt werden.

Die Sinnesschulung ist eine - gerade im Hinblick auf die Sprachentwicklung - wichtige Aufgabe des Kindergartens und der Primarstufe der Schule.
Mittlerweile haben viele Einrichtungen verschiedene Materialien angeschafft, die zum Hinsehen, -schmecken, -fühlen, -riechen und -tasten einladen. Selbstverständlich können Sie viele der Materialien für die hier vorgeschlagenen Spiele verwenden. Ansonsten stellen wir hier Spiele und Experimente vor, die mit Alltagsgegenständen durchgeführt werden können.

Einstieg

Zum Einstieg könnten Sie gemeinsam mit den Kindern überlegen, wie die Tiere in der Nacht denn ihre Beute finden können. Können sie sie denn sehen, so wie wir? In der Nacht ist es ja schließlich stockdunkel! Auf diese Art und Weise kommen die Kinder ganz alleine auf die Idee, andere Sinne zu nennen und zu beschreiben.

Wir möchten uns hier auf Anregungen aus dem Bereich des Tast-, Seh-, Riech- und Hörsinns beschränken. Jeder Sinn wird durch ein Tier symbolisiert, bei dem der jeweilige Sinn besonders ausgeprägt ist. Dadurch können sich die Kinder den Sachzusammenhang auch besser merken. Zu jedem Sinn haben wir eine kurze Sachbegegnung geschrieben, die den Kindern vorgelesen werden könnte. Im Anschluss daran finden Sie dann Ideen zur Sinnesschulung.

Tastsinn: Die Katze

Sachbegegnung:

Mit Haut und Haaren fühlen

Die Haut ist unser größtes Sinnesorgan. Mit ihr nehmen wir wahr, wenn wir Gegenstände anfassen oder uns jemand berührt. Wir empfinden mit ihr auch Schmerzen, wenn wir hinfallen und uns verletzen. Außerdem können wir durch die Haut spüren, ob es draußen kalt oder warm ist. Die Katze hat noch etwas ganz besonderes: Sie hat Tasthaare, die vorne an ihrer Schnauze wachsen. Damit kann sie jeden schmalen Gang ertasten und wird im Dunkeln nie gegen eine Wand oder einen Stuhl laufen.

Anregungen:

Händegrabschen:

4 - 6 Kinder sitzen rund um einen Tisch. Auf dem Tisch liegt eine Tischdecke. Jedes Kind streckt seine Hände unter die Decke und versucht, eine andere Hand zu fassen und festzuhalten. Wenn jede Hand eine Partnerhand gefunden hat, wird reihum geraten, wer wohl wessen Hand festhält. Die Kinder können auch ein klein wenig drücken oder kitzeln, vielleicht verrät sich dann der Besitzer!

Fühlfliesen:

Dieses Spiel bedarf etwas Vorbereitung. Sie brauchen Teppichfliesen, die Sie mit verschiedenen Materialien bekleben können: Knöpfe, Lederreste, Wolle, Alufolie, Wellpappe, Tapete... Der Fantasie sind keine Grenzen gesetzt. Legen Sie die Teppichfliesen zu einem Barfußparcours aus. Jeweils ein Kind bekommt – falls es das will – die Augen verbunden und wird von einem Freund oder einer Freundin über die Fliesen geführt. Das Kind soll erraten, worüber es gerade läuft. Man kann auch ein Spiel mit Wettbewerbscharakter erfinden, wenn für jede richtig geratene Bodenfliese ein Punkt verteilt wird.

Bauklotzsuchen:

Sie brauchen jeweils 10 gleichförmige Bauklötze. Die Kinder teilen sich in Gruppen auf, jeweils einem Kind werden die Augen verbunden. Jede Gruppe muss nun bestimmte Bauklötze, die Sie vorher auf dem Boden verteilt haben, einsammeln. Die einen sollen die dreieckigen, die anderen die quadratischen Klötze suchen und in einen Eimer werfen. Die anderen Gruppenmitglieder dürfen den Sucher durch Zurufe (heiß – kalt) dirigieren und müssen aufpassen, dass sich ihr Mannschaftskamerad nicht wehtut.

Rückschule

Eine ganz klassische Übung: Ein Kind hält dem anderen ein Blatt auf den Rücken und malt mit einem dicken Stift eine leichte Form groß darauf. Etwa einen Baum oder ein Haus. Das andere Kind versucht zu erfühlen, was gemalt wurde und malt seinerseits auf ein Blatt Papier, was es denkt. Anschließend werden die Bilder verglichen.

Abwandlung: Sie können auch auf den Rücken Buchstaben oder Ziffern schreiben, die dann nach dem „Stille-Post-Prinzip" durch die Gruppe wandern. Ob am Ende der Buchstabe herauskommt, der am Anfang losgeschickt wurde?

Tast-Kim

Sammeln sie in einer undurchsichtigen Tüte oder Tasche verschiedene Gegenstände. Die Kinder sollen die Gegenstände ertasten und versuchen, sie sich zu merken. Am Ende gewinnt der, der die meisten Gegenstände noch benennen kann.

Fußelei

Verstecken Sie verschiedene Gegenstände unter einer Wolldecke. Die Kinder ziehen jeweils einen Schuh aus und strecken den Fuß unter die Wolldecke. Sie versuchen mit den Füßen, die Gegenstände zu ertasten und zu benennen. Wer richtig rät, bekommt eine Belohnung.

Sehsinn: Eule

Sachbegegnung:

Sehen ohne Augen

Wir Menschen nehmen ganz viel, was um uns herum passiert, über das Auge auf. Versuch es mal: Setz dich hin und halte fünf Minuten die Augen geschlossen. Funktioniert das? Es gibt Menschen, die können gar nicht sehen, weil sie eine besondere Krankheit haben oder sie ohne Augenlicht geboren wurden. Diese Menschen sind blind.

Ein Tier, das nachts besonders gut sehen kann, ist die Eule. Sie hat ganz große Augen und kann ihre Pupille weit öffnen. Dadurch fällt auch nachts sehr viel Licht in ihr Auge.

Anregungen:

Ich seh was, was du nicht siehst

Seh-Kim
Benutzen Sie die Gegenstände aus dem Tast-Kim und ergänzen Sie sie durch andere. Die Kinder dürfen sich die Gegenstände betrachten und sollen sie anschließend, nachdem sie wieder verdeckt wurden, benennen.

Veränderungen erkennen
Jeweils zwei Kinder stellen sich gegenüber und betrachten sich genau. Dann drehen sie sich um und verändern eine bis drei Sachen an sich (Pulli ausziehen, Schal um den Kopf wickeln, etc.). Sie drehen sich wieder zueinander und überlegen, was verändert wurde.

Abwandlung: Die Kinder sitzen im Kreis. Ein Kind darf auf den Flur gehen. Die anderen besprechen leise, was im Raum verändert werden soll. Wenn die Veränderung durchgeführt wurde, wird das Kind wieder in den Raum geholt. Es darf nun raten.

Spiegeljagd
Ein dunkles Zimmer wird nur von einer Nachttischlampe erleuchtet. Die Kinder gehen durch den Raum. Ein Kind hat ein Stück Alufolie oder einen Spiegel und versucht, das Licht der Lampe so abzulenken, dass es ein Kind damit trifft. Dann hat es gewonnen und das getroffene Kind ist der Jäger.

Experiment: Lichterbohne
Auch Pflanzen können Licht erkennen. Am einfachsten sieht man das an einem Wachstumsversuch mit Bohnen. Pflanzen Sie einige Bohnenkerne in einen Topf mit feuchter Erde. Decken Sie über den Topf einen Pappkarton, in den Sie ein Lichtloch geschnitten haben. Beobachten Sie mit den Kindern, was jetzt passieren wird.

Riechsinn: Igel

Sachbegegnung:

Das kann ich riechen
Mit unsere Nase nehmen wir Gerüche wahr. Etwa ein besonders leckeres Essen, das gerade auf dem Herd steht, oder eine duftende Blume. Der Igel hat ein besonderes gutes Nasensystem. Er kann seine Nahrung über weite Strecken riechen und findet so auch nachts sein Futter.

Anregungen:
Sinnesschulung für die Nase ist eher schwierig, da Gerüche sich schnell verflüchtigen. Sie brauchen daher zunächst kleine verschließbare Döschen, etwa Filmdöschen, die aber keinen Eigengeruch mehr haben dürfen.

Riech-Kim
Sammeln sie verschiedene Gegenstände, die stark riechen wie Blumenblüten, Gewürze oder auch feuchte Erde und füllen Sie sie in die Filmdöschen. Die Kinder öffnen die Döschen, riechen

am Inhalt und versuchen sich die Gegenstände zu merken. Es geht wieder darum, möglichst viele Gerüche zu erkennen, zu behalten und zu benennen.

Geruchsmemory

Füllen Sie in jeweils zwei Döschen dieselben Gegenstände ein. Die Kinder sollen gleich riechende Döschen zusammenstellen.

Hörsinn: Fledermaus

Sachbegegnung:

Hör mal!

Über unsere Ohren nehmen wir die Geräusche unserer Umwelt wahr. Geräusche können uns vor Gefahren warnen, aber auch sehr angenehm sein. Musik ist zum Beispiel auch ein Geräusch. Menschen, die nichts hören können, sind taube Menschen. Die Fledermaus hat einen ganz speziellen Hörsinn. Um nachts in der Luft zu fliegen und auf Jagd zu gehen, muss eine Fledermaus ja irgendwie wissen, wo Bäume oder Strommasten stehen, damit sie nicht dagegen fliegt. Die Fledermaus kann sozusagen mit ihren Ohren sehen. Sie sendet bestimmte Töne aus, die wir als Menschen gar nicht hören können. Diese Geräusche werden von Bäumen, Häusern oder Strommasten unterschiedlich zur Fledermaus zurückgeworfen. Im Gehirn der Fledermaus entsteht aus diesen Informationen ein Bild der Landschaft, ungefähr so, wie wir sie auch mit den Augen sehen würden.

Anregungen:

Geräuschememory

20 - 30 Filmdöschen werden mit unterschiedlichen Materialien gefüllt (Reis, Nudeln, Knöpfe, Stecknadeln, Nägel,...). Jeweils zwei Döschen werden mit dem gleichen Material gefüllt. Durch Schütteln sollen die Kinder gleiche Geräusche finden. Durch farbige Punkte auf der Unterseite der Döschen können die Kinder ihr Ergebnis auch selbst kontrollieren.

Schrankgeräusche

Ein Kind geht mit einer Tasche voller „Geräuschemacher" in einen Schrank. Die Mitrater setzen sich vor den Schrank und lauschen auf die Geräusche, die das Kind im Schrank macht. Es zerreißt zum Beispiel eine Zeitung oder zerknüllt sie oder klappert mit einem Schlüsselbund. Die Rater sollen die Geräusche benennen. Wer als erstes drei (oder mehr) Geräusche richtig erraten hat, ist der nächste Geräuschemacher.

Die Jagd auf das Raschelmonster

Sammeln Sie alte, saubere Zeitungen. Ein Kind wird als Raschelmonster zurechtgemacht. Dazu umwickeln Sie Körper, Arme und Beine mit Zeitungen und stecken auf die Zeitungen ca. 10 Wäscheklammern. Das Raschelmonster wird in die Mitte gesetzt und bekommt die Augen verbunden. Die Mitspieler setzen sich um das Monster herum, sind aber ebenfalls mit Zeitungspapier umwickelt. Nun sollen die Kinder reihum versuchen, dem Raschelmonster die Wäscheklammern abzuziehen. Dabei dürfen die Mitspieler möglichst wenig rascheln, damit das Monster sie nicht hört und sich umdreht. Erwischt das Monster einen Klammerdieb, bevor alle Klammern abgezogen sind, werden die Rollen getauscht.

Such den Wecker!

Sie brauchen einen alten, möglichst laut tickenden Wecker. Die Kinder dürfen den Wecker im Raum verstecken, ein Kind muss ihn mit verbundenen Augen suchen.

Abwandlung:

Stellen sie den Wecker auf zwei Minuten ein. Zwei Kinder bekommen die Augen verbunden. Es gewinnt das Kind, das den Wecker zuerst und vor Ablauf der zwei Minuten findet.

RELIGIÖSE ERZIEHUNG

Nachtgebet

Zu Bett mein Kind,
es weht der Wind.
Es schläft dein Bär,
er schnarcht schon schwer,
es träumt die Puppe
in ihrer Stube.
Nun schlaf auch du!

Zu Bett, mein Schatz,
es schläft die Katz´.
Und auch der Hund,
der träumt zur Stund´.
Dein Fahrrad ruht,
das tut ihm gut.
Nun schlaf auch du!

Zu Bett, du Maus,
schlüpf in dein Haus!
Die Eisenbahn,
auch sie hält an,
die Kühe alle,
sie stehen im Stalle.
Nun schlaf auch du!

Zu Bett, mein Spatz,
ich mach dir Platz,
ich gehe nun, will selber ruhn!
Nun schlaf auch du!

Gefunden im Internet unter www.schlummertricks.de

FEIERN

Nachtfeier

Zum Abschluss des Projektes ist es immer schön, wenn die Kinder präsentieren dürfen, was sie alles in den letzen Wochen in der Einrichtung erlebt, was sie hergestellt, womit sie sich beschäftigt haben.
Es bietet sich zum Beispiel bei diesem Fest an,

- *das Theaterstück aufzuführen*
- *und den Lichtertanz zu zeigen. An dieser Stelle ist es auch möglich,*
- *die Geschichte über den Traum Jakobs vorzutragen.*

Die Kinder werden bestimmt auch Freude haben, wenn sie den Eltern

- *die semantischen Rätsel zu den Tieren der Nacht stellen können. Vielleicht möchten die Eltern gerne auch einmal*
- *die Fantasiereise ausprobieren.*

Schön wäre auch, wenn Sie den Eltern

- *eine der Psychomotorikgeschichten zeigen, könnten. Dies könnte eine Anregung für die Spracharbeit zu Hause sein.*
- *Die zahlreichen Bastel- und Spielideen aus diesem KREISEL könnten dem Fest einen Rahmen geben.*
- *Die Rezepte zu den Nachtschattengewächsen können Hilfe bei den Überlegungen für die Bewirtung der Gäste sein.*

TANZ

Lichtertanz

Dieser Lichtertanz lässt sich auf jede Musik tanzen, die einem durchgängigen, langsamen Vierertakt-Rhythmus folgt.
Hier beschrieben ist der Tanz für zwölf Tanzende, bei entsprechenden Änderungen können aber auch acht oder 16 Kinder den Tanz gut tanzen. Er ist allerdings schon anspruchsvoll und bedarf einiger Übung!
Jedes Kind trägt in der rechten Hand eine Kerze.

Aufstellung:
Die Kinder stellen sich im Kreis auf. In der Mitte steht eine brennende Kerze. Zunächst werden die Kinder in drei Gruppen eingeteilt, indem man von 1 bis 3 fortlaufend durchzählt.

Tanzbeginn:
Wenn die Musik läuft, gehen zunächst die „Einser"-Kinder mit 4 Schritten in die Mitte, bücken sich über 4 Takte hinweg zur Kerze, zünden ihre Kerzen an, richten sich über 4 Takte wieder auf und gehen in weiteren 4 Takten rückwärts auf ihre Plätze zurück. Nach dem Kanonprinzip setzen die „Zweier"-Kinder und die „Dreier"-Kinder versetzt ein. Wenn alle Kerzen angezündet sind, beginnt der eigentliche Tanz.

Teil A:
Gehen im Takt 8 Schritte im Uhrzeigersinn (Kerze außen), umdrehen und 8 Schritte zurück gegen den Uhrzeigersinn (Kerze ist dann innen).

Teil B:
Jeweils 3 Kinder bilden kleine Kreise (Kerze innen). 16 Schritte in diesem kleinen Kreis im Takt gehen.

Teil C:
Alle Kinder gehen im Takt 8 Schritte in die Mitte und wieder 8 zurück, dabei die Kerze hochheben, bzw. wieder senken.

Teil D:
Jedes Kind dreht sich in 8 Schritten um sich selbst, zuerst links, dann rechts herum.

Die Teile A-D werden dreimal getanzt. Beim letzten Durchgang können die Kinder am Ende von Teil D nach außen gerichtet (zum Publikum) stehen bleiben.

REZEPT

> **Tipp von Viktor:** Gerade, wenn es eine kalte Nacht ist, freuen sich Gäste über ein wärmendes Getränk. Hier ist mein Vorschlag:

Honigpunsch

Zutaten
1 Fl. Apfelsaft
125 ml Wasser
2 Gewürznelken
1 Zitrone
1 Stange Zimt
2 - 3 El Honig

Zubereitung
Kocht das Wasser mit den Gewürznelken und dem Zimt und der Schale von einer Zitrone 2 - 3 Minuten.
Gießt alles durch ein Sieb und schüttet den Apfelsaft dazu und bringt das Ganze zum Kochen. Süßt das Getränk mit dem Honig. Legt in jede Tasse eine Zitronenscheibe und gießt den Punsch darüber!

> **Tipp von Viktor, dem Schlossgespenst für Eltern:**
> Ein Sternenhimmel an der Decke des Kinderzimmers kann dazu betragen, dass Kinder weniger Angst vor dem Einschlafen haben.
> Solche leuchtenden Sterne gibt es in vielen Kaufhäusern zu erwerben.

SACHBEGEGNUNG

Fernrohre zum Erkunden der Sterne

Beim letzten Blick aus dem Fenster vor dem Schlafengehen oder bei einer Nachtwanderung sind die Kinder immer wieder fasziniert von den Sternen. Bauen Sie mit den Kindern zusammen ein „Fernrohr", um die Sterne beobachten zu können. Sie benötigen dazu einfach nur eine Papprolle (am besten von einer Küchenrolle), und diese lassen Sie die Kinder dann bekleben.

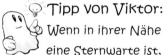
> **Tipp von Viktor:** Wenn in ihrer Nähe eine Sternwarte ist, wäre ein Besuch auch für die Jüngsten sicherlich interessant. Oder:
> Ein Blick aus einem Teleskop (vielleicht finden sich Sternenforscher unter Eltern, Geschwistern oder Verwandten.) könnte die Kinder faszinieren.

SACHBEGEGNUNG

Sternenhimmel

Wenn man bei einer Nachtwanderung den Sternenhimmel beobachtet hat, warum ihn nicht in den Gruppenraum bringen. Am besten geeignet ist Hologrammpapier, das es in vielen Bastelläden gibt.
Lassen Sie die Kinder die Sterne ausschneiden. Sie können sie dann an der Decke mit doppelseitigem Klebeband befestigen. Vielleicht können Sie die Sterne sogar in der Form der Sternbilder anbringen
Unten finden Sie die Vorlagen von zwei der bekanntesten Sternenbilder, Kleiner Bär, Großer Bär, Orion, Kassiopeia.

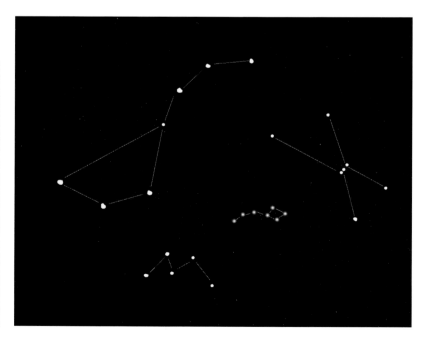

BILDNERISCHES GESTALTEN

Schattenbild

Schattenbilder können ein dekorativer Schmuck an der Wand ihres Gruppenraumes sein.
Sie sind aber auch eine hervorragende Geschenkidee.

Und so geht's:

Ein weißes Blatt an der Wand befestigen. Jemand leuchtet mit einer Taschenlampe darauf. Das Modell stellt sich so vor das Blatt, dass der Kopf von der Seite als Schatten darauf sichtbar ist.
Die Umrisse des Schattens mit einem Bleistift nachzeichnen.
Das Schattenbild ausschneiden. Jetzt kann man es auf schwarzes Tonpapier kleben oder die weiße Vorlage auf schwarzes Tonpapier übertragen. Ausschneiden lassen und auf weißes Papier kleben.

BILDNERISCHES GESTALTEN

Kerzen gießen

Material und Werkzeug:
Kerzenstummel (je bunter, desto besser),
mehrere leere Konservendosen,
Topflappen,
Baumwollbindfaden oder Docht aus dem Bastelladen,
Pinzette, Holzstäbchen,
Jogurt- oder Quarkbecher

Legt die Kerzenreste einer Farbe in eine Konservendose. Lasst sie auf dem Herd bei ganz niedriger Hitze (oder auch einem Stövchen) schmelzen. Achtung: Nie ohne die Gegenwart eines Erwachsenen!
Fasst die Dose beim Herunternehmen mit einem Topflappen an
Taucht den Docht mit der Pinzette in das flüssige Wachs. Kurz abkühlen lassen
Wickelt das Dochtende um das Holzstäbchen und legt das Stäbchen über den leeren Jogurtbecher, so dass der Docht in der Mitte herunterhängt. Gießt das Wachs aus der Dose in den Becher. Etwa 15 Minuten warten. Dann kann man Wachs in einer anderen Farbe schmelzen und auf die erste Schicht gießen.
Lasst die fertige Kerze über Nacht hart werden, z.B. im Kühlschrank. Und dann zieht sie vorsichtig am Docht aus dem Becher heraus.

BILDNERISCHES GESTALTEN

Glühwürmchen

Eine Taschenlampe für die Nachtwanderung ist nicht schlecht, aber wie wäre es mit einem selbst hergestellten Glühwürmchen? Da macht die Wanderung doch doppelt so viel Spaß.

Material:
helles Drachenpapier,
Fotokarton (Din A2),
Luftballon,
Kleister, Draht,
Metallfolie, Watte

Das Drachenpapier in Stücke reißen und mit Kleister auf den aufgeblasenen Ballon kleben (zwei bis drei Lagen).
Den schwarzen Fotokarton in der Mitte falten.
Flügel mit Klebelasche, Kopf und drei Beine zeichnen.
Die Teile doppelt ausschneiden.
Am Knotennippel können Sie 20 cm lange Drahtstücke befestigen.
Wattebällchen ans Ende aufgesetzt machen die Fühler perfekt. Darüber die beiden Kopfhälften kleben.
Schneiden Sie an der Oberseite ein Loch ein, das groß genug ist, um eine Kerze einzusetzen. (Eine elektrische Birne mit Batterie ist natürlich auch gut geeignet.)
Die Klebelasche der Flügel werden entlang der Öffnung befestigt. Diese können vorher mit Quadraten aus Metallfolie beklebt werden.
An den Unterseiten befestigen Sie die Beine.
Ein Teelicht kleben Sie mit doppelseitigem Klebeband innen auf.

BILDNERISCHES GESTALTEN

Leuchtwesen

Auch mit Leuchtfarbe aus der Tube können die Kinder zahlreiche Sterne oder auch Gruselwesen malen.
Die Sterne oder Gruselwesen in dicken Linien und mit klaren Konturen auf Regenbogenbuntpapier malen. Die freien Felder mit Glitzerfarben ausmalen. Mehrere Stunden trocknen lassen. Anschließend das bemalte Buntpapier mit doppelseitiger Klebefolie versehen und entlang der Linie ausschneiden.
Diese können an Wände, Fenster oder auch an die Decke geklebt werden.

LIED

Tiere in der Nacht

Zur Melodie von „Theo, spann den Wagen an"

Tiere, Tiere in der Nacht.
Das sind Füchse, Igel, Eulen – ach.
Die können auch nachts jagen,
können auch nachts jagen...

Igel, Igel, komm, werd wach!
Kannst gut riechen und tasten in der Nacht.
Findest dann dein Futter,
findest dann dein Futter...

Fuchs, Fuchs, komm, werd wach!
Es wird dunkel, jetzt gehst du auf die Jagd.
Siehst du nicht die Hühner,
siehst du nicht die Hühner...

Eule, Eule, komm, werd wach!
Die Mäuse tanzen jetzt schon auf dem Dach.
Musst ganz leise fliegen,
musst ganz leise fliegen...

Tiere, Tiere in der Nacht.
Das sind Füchse, Igel, Eulen – ach.
Die können auch nachts jagen,
können auch nachts jagen...

Tipp von Viktor:

Ähnlich wie „Theo, spann den Wagen an", kann das Lied auch als Kanon gesungen werden. Oder aber Sie denken sich gemeinsam mit den Kindern Gesten und Bewegungen aus, mit denen die Strophen – passend zum jeweiligen Tier – unterlegt werden können. Die dargestellten Tiere sind identisch mit den Protagonisten des Theaterstücks, so dass das Lied prima zur Theateraufführung passt.

LISTE

Bilderbücher zum Schlafengehen

Bröger, A., Schlüter, M.	**Ich kann nicht einschlafen**, Stuttgart 1991
Kaup, U.	**Vampirgeschichten**, Würzburg 1998
Kopisch, A.	**Die Heinzelmännchen**, München 1978
Kurzke, L.	**Tobias auf Traumfahrt**, Lüneburg 1998
Lindgren, A.	**Nein, ich will noch nicht ins Bett**, Hamburg 1989
Mettler, R.	**Tag und Nacht: Eine Entdeckungsreise durch die Natur**, München 2000
Schindler, R.	**Gute Nacht, Anna**, Lahr 1990
Sendak, M.	**Wo die wilden Kerle wohnen**, Zürich 1967
Spathelf, B., Syesny, S.	**Jetzt wird aber geschlafen! oder Wie die Schlummermaus hilft zu schlafen**, Wuppertal 2000
Thiolloer, F.	**Wenn andere schlafen: Arbeit in der Nacht**, Ravensburg 1988
Wass. U.	**Ab ins Bett und gute Nacht**, Ravensburg
	Geht die Sonne abends schlafen? Time-Life-Books 1994

Bilderbücher zu Tieren in der Nacht

Fontanel, B.	**Tiere in der Nacht**, Ravensburg 1990
Haffner, M., Stutz, H.-P.	**Fledermäuse, die geheimnisvollen Flugakrobaten**, Luzern 1988
Parry-Jones, J.	**Greifvögel und Eulen**, Hildesheim 1993
Parson, A.	**Katzen**, Hildesheim 1991

Kinderbücher zum Vorlesen

Jannausch, D., Tollmien, C., Uebe, I — **Gruselgeschichten**, Bindlach 1999

Preuß, G., Scharff-Kniemeyer, M. — **Die Gespensterfalle und andere Gespenstergschichten**, Bindlach 1999

Preußler, O. — **Das kleine Gespenst**, Stuttgart 1966

Sommer-Bodenburg, A. — **Der kleine Vampir**, Hamburg 1985

Uebe, I. — **Martin und sein Nachtgespenst**, Ravensburg 1996

Uebe, I. — **Leselöwen Spukgeschichten**, Bindlach 1989

Kinderbücher zum Vorlesen

Haber, V. — **Die Sterne**, Was-ist-Was-Reihe, Nürnberg 1982

Herrmann, D. B. — **Sonne, Mond und Sterne sehen und erkennen**, Stuttgart 1995

Herrmann, J. — **Meyers großes Sternbuch für Kinder**, Zürich 1981

Marchand, P. — **Sterne - Forschen, Spielen, Experimentieren**, Bayreuth 1995

Sallier, M. und D. (Hrsg.) — **Ich will's wissen**, Band 1 Sterne und Planeten, Köln 1988

Stott, C — **Warum funkeln die Sterne? und andere Fragen über das Weltall**, Nürnberg 1994

Verdez, J.-P. — **Die Nacht, der Mond und die Sterne**, Ravensburg 1988

Sonne, Mond und Sterne, Time-Life-Buch, Amsterdam 1996

Sachbücher zum Thema „Kinderträume"

Blaich, B **Wie deuten wir Kinderträume?** Gütersloh 1995

Spurr, P. **Mit der Rakete zum Mond, Kinderträume verstehen, deuten und nutzen**, Berlin 2000

Zimmer, K. **Wer sind wir nachts? Von unseren Träumen, Ängsten und Phantasien**, München 1996

Bastel- und Spielbücher

Adams, S., Wilkes, A. **Das große Beschäftigungsbuch für Kinder**, Bindlach 1999

Barff, U **Lauter tolle Sachen, die Kinder gerne machen,** Frankfurt 2000

Hettinger, G., Moras, I. **Glitzerhexe und Funkelstern, Mobiles und Fensterbilder mit Hologramm-Papier**, Freiburg 1998

Vohland, U. **Neue Spiele für Feste und Feiern,** Freiburg 1988

Die schönsten Ideen aus Spielen und Lernen, Ravensburg 1999

Jahrbücher der Reihe Spielen und Lernen, Velber-Verlag

NOTIZEN

NOTIZEN

NOTIZEN

Was Sie suchen, sind Anregungen, die

Kompetenz, Brauchbarkeit und Kreativität

in sich vereinen:

Um sich vorab zu informieren, besuchen Sie uns doch mal im Internet: www.dreieck-verlag.de

---

Legen Sie Ihre Skepsis gegenüber dem Abo einfach beiseite:

1. Für 31 Euro/Jahr bietet Ihnen KREISEL nur Vorteile. 3 mal im Jahr. Auf über 90 Seiten!

2. Sie sparen pro Heft EUR 2,37, insgesamt also EUR 7,10.

3. Sie gehen absolut kein Risiko ein, weil Sie jederzeit kündigen können.

Telefonische Bestellung:
06501-13385

Fax-Bestellung:
06501-13516

eMail-Bestellung:
order@dreieck-verlag.de

Internet:
www.dreieck-verlag.de

Dreieck Verlag

9/02

☐ **Ich möchte KREISEL regelmäßig beziehen.**

- Der Bezug beginnt mit dem zurzeit aktuellen Heft. Die drei Ausgaben kosten im Jahr EUR 31,00 (= EUR 10,33 pro Heft) + EUR 3,90 Versandkosten.
- Ich erhalte die Lieferung gegen Rechnung.
- Ich kann jederzeit kündigen.

Mit dieser gesonderten Unterschrift nehme ich Kenntnis davon, dass ich von dieser Bestellung innerhalb 8 Tagen zurücktreten kann.

Unterschrift: _____

Datum: _____

Unterschrift für meine Bestellung: _____

Ich bestelle die folgenden Hefte von KREISEL zum Einzelpreis wie angegeben (+ Versand): 9/02

☐ **Auf der Baustelle** Spiele, Lieder, Gestaltungen, Sachtexte uvm. zu Hausbau und damit verbundene Arbeiten, Berufe, Gefahren... (Sonderpreis EUR 5,50 statt 10,12)
☐ **...und dann bin ich jemand ganz anderes** Verkleidungen, Masken, Spiele, Lieder uvm., die davon handeln, in eine andere Rolle zu schlüpfen. Nicht nur für Fastnacht/Karneval. (Sonderpreis EUR 5,50 statt 10,12)
☐ **Igitt, wie eklig!** Von Spinnen, Würmern und Schnecken (Sonderpreis EUR 5,50 statt 10,12)
☐ **Die spinnen, die Römer!** Comics in der Einrichtung am Beispiel von „Asterix und Obelix" (Sonderpreis EUR 5,50 statt 10,12)
☐ **Eine Reise durch den Dschungel** Eine Fülle von Anregungen zum Thema „Dschungel" (Sonderpreis EUR 5,50 statt 10,12)
☐ **Kuscheltiere - Freunde fürs Leben** Wunderschön! Mit den Kuscheltier-Briefmarken (Sonderpreis EUR 5,50 statt 10,12)
☐ **Große Kunst für kleine Leute** Impressionismus, Expressionismus, abstrakte Kunst - an konkreten Beispielen kindgerecht vermittelt. (EUR 10,12)
☐ **Ein bunter Rahmen voller Namen** Erst mit seinem Namen wird der Mensch zum Individuum. Spiele, Lieder, Geschichten uvm. (EUR 10,12)
☐ **Keine Angst vor Mona Lisa!** Vielfältige, originelle Ideen und lustige Illustrationen zur Vermittlung der Kunst der Renaissance. (EUR 10,12)
☐ **Das hässliche Entchen** Aufbereitung des Märchens. Anreg. zum Spielen, Singen, Gestalten und Aufführen (DM EUR 10,12)
☐ **Kalle Sonnenschein, ein Pirat mit Herz** Spielen, Basteln, Rollenspiele, Geschichten. (EUR 12,70)
☐ **Erlebnis Wald** Eine Fülle von Anregungen zur waldpädagogischen Arbeit (EUR 12,70)
☐ **Schattenspiele** Ein Leitfaden fürs Personenschattentheater (EUR 12,70)
☐ **Erde, Wasser, Luft und Feuer** Eine umweltpädagogische Aufbereitung der klassischen Elemente (EUR 12,70)
☐ **Eier, Wolle und ganz viel Milch** Geben u. Nehmen zwischen Mensch u. Tier - Tierprodukte (ohne Fleisch) (EUR 12,70)
☐ **Abenteuer Garten** Kinder erleben das Blühen, Wachsen, Reifen und Vergehen. (EUR 12,70)
☐ **Meer-Geheimnisse** Entdeckungen im und am Meer. (EUR 12,70)
☐ **Von Sonnenuntergang bis Sonnenaufgang** Mit Kindern die Nacht erleben. (EUR 12,70)

Unterschrift: _____

Seien Sie Autor/in für **KREISEL** *!*

Es ist viel einfacher als Sie denken. Und wir stehen Ihnen mit Rat und Tat zur Seite. Schreiben Sie uns mit einer der Karten. Auch, wenn Sie nichts bestellen wollen. Oder Sie rufen an, faxen oder schicken uns eine eMail. Wir freuen uns drauf.

Absender:

Vorname, Name (oder Einrichtung)

Straße

PLZ, Ort

Telefon

Fax

eMail

Wenn Sie uns noch etwas mitteilen wollen, bittesehr:

Antwort

Bitte freimachen, falls Marke zur Hand! Danke.

DreieckV**erlag**
Postfach

D-54459 Wiltingen

So erreichen Sie uns:

Telefonische Bestellung:
06501-13385

Fax-Bestellung:
06501-13516

eMail-Bestellung:
order@dreieckverlag.de

Internet:
www.dreieckverlag.de

Absender:

Vorname, Name (oder Einrichtung)

Straße

PLZ, Ort

Telefon

Fax

eMail

Wenn Sie uns noch etwas mitteilen wollen, bittesehr:

Antwort

Bitte freimachen, falls Marke zur Hand! Danke.

DreieckV**erlag**
Postfach

D-54459 Wiltingen

DreieckV**erlag**